体育会系上司

「脳みそ筋肉」な人の取扱説明書

榎本博明

ワニブックス
PLUS新書

はじめに

ここ数年、体育会系組織の不祥事がつぎつぎと明るみに出て、世間を騒がせている。パワハラ等を訴える側と訴えられる側、どちらの言い分が正しいかは藪の中といった感じもあるが、そのような問題が頻繁に起こっていることから、体育会系組織のあり方に批判の目が向けられている。

では、体育会系の何がいけないのだろうか。私には、体育会系の組織でスポーツに励んできた知人がたくさんいる。みんなとても気持ちよくつきあえる、愛すべき人物ばかりだ。その人たちの様子を見るかぎり、トレーニングは相当に厳しく大変だっただろうけど、素晴らしい経験をしてきたのだろうと思わざるを得ない。

だが、そのように体育会系組織に所属し、何らかのスポーツで活躍してきた人たちも、組織への適応には、それなりに苦労してきたのかもしれない。そこで体育会系といわれるものの正体を探ってみることにした。

体育会系組織の特徴と問題点について、心理学の視点から検討していくと、それはとくにスポーツ系の組織に限らず、日本のあらゆる組織に通じるものがあることがわかる。言ってみれば、日本的組織のもつ特徴が、体育会系組織に凝縮されているといった感じがある。

ゆえに本書では、まずは体育会系組織の特徴を整理しつつ、どんな要因によって組織が病んでしまうのかを検討することにした。それを踏まえて、日本的組織が陥りがちな問題の具体例を提示しつつ、その病巣をえぐり出すことにした。

どうも組織に馴染めない、組織というものが苦手だという人もいるだろう。じつは、私もそうである。そのため組織を転々としてきた。どこが苦手かといえば、まさに体育会系のノリで組織が動くところなのだとわかってきた。

だが、いくら苦手といっても、多くの人は何らかの組織に所属せざるを得ない。そこで、体育会系組織とのうまいつきあい方も示すことにした。

まずは、体育会系の魅力についての分析から始めることにしたい。

目次

第五章　体育会系に象徴される日本的組織の病巣

第一章　なぜ体育会系の魅力に取り憑かれるのか？

かつてのスポーツ熱

子どもの頃、神宮球場から数百メートルのところに住んでいたため、近所で遊んでいると観客の盛り上がりが伝わってきた。

日曜日には父親に連れられて大学野球をよく観に行った。日曜日にやっているのは東京六大学野球だったため、ほとんどの大学の校歌や応援歌は自然に歌えるようになっていた。たしか全校の歌詞が書いてある小さな本をもらった気がする。小学生は大学野球はタダで入れたので、土曜日とかにひとりで観に行くこともあった。学生応援席にひとりで行くと、応援団のお兄さんが可愛がってくれた。

夜は父親に連れられプロ野球を観に行ったが、内野席に応援団のおじさんたちが陣取り、大きな旗を振って応援の音頭をとっていた。子どもには応援団のおじさんがアトムのシールをくれた。それでも観客はそんなにいなかった気がする。

自分自身も、近所の子どもたちで構成される野球チームや学校のクラスメイトで構成する野球チームで放課後や休日に野球をすることもあったが、そんなに本格的なものではなかったので、その後の自分の野球熱は子ども時代の観戦経験によるもののように思う。

それでも、当時の観客は今と比べれば格段に少なかった。大学生の頃は、友だちといろんな野球場に行ったが、川崎球場などは、外野席の入場料が600円で、入場者全員にロッテの200円のビスケットをくれるから、差し引き400円なのに、ほとんど観客がおらず、友だちとグローブとボールを持っていき、外野席で攻守が替わる合間にキャッチボールをしながら観戦したものだった。

スポーツ観戦に殺到する熱い観客たち

それが、今や大きく様変わりした。どの野球場に行っても、ひいきのチームのユニフォームシャツを着た観客が試合開始よりかなり前から押し寄せる。しかも5時間以上も前から野球場の周りに並んでいる人やウロウロしている人が結構いるのだ。昼間は大学野球、夜はプロ野球を行っている野球場に行くと、これから大学野球が始まるというのに、夜行われるプロ野球の両チームのユニフォームシャツを着込んだ人たちでごった返していたりする。

私の若い頃は、突然思い立って野球場に行っても入れたのに、今は早めに行かないと満員でふつうの席には入れなかったりする。インターネットで前売り券を購入する人も多い。

そんな感じなので、昔のようにパーソナルスペースを確保してのんびり観戦することなどできない。どこの野球場に行っても、隣席までびっしり他人が座っており、窮屈な感じがする。斜め前の席の人の座高が高いと打者が見えず左右に揺れながら観戦しなければならないのだが、移動する余地もない。とにかくかつてと比べて混んでいる。

実際、私は、高校野球の地方大会でも、プロ野球でも、わざわざ野球場まで行ったのに満員で入れなかったことがある。満員ということが滅多にない大学野球でも、早慶戦などでは、長蛇の列に試合が始まってからも並ばされ、2回か3回のときにようやく入れたものの、通路しか居場所がなく、しかも大勢が立っている後しか空いておらず、ホームランがレフトスタンドに飛び込むところだけ見えたが、ほとんど見えないため、観戦を諦めてすぐに出たこともある。

混んでいるだけではない。応援の熱が凄まじい。私の若い頃のように攻守が替わる合間にキャッチボールをしながら観戦するのが不可能なのは言うまでもないが、野球場全体が応援で盛り上がっている。応援に命を懸けるような、応援魂がはじけるような雰囲気になっている。野球場全体に熱さがたぎっているのだ。

近頃は、攻守交代の合間や投手交代のときの耳をつんざくような音楽のうるささといったわざとらしい盛り上げ方に閉口することもあるが、観客の声援の響きは気分を高揚させてくれる。

一日じゅう野球場を居場所にして、昼は大学野球、夜はプロ野球に酔いしれる人たちもいる。大学野球の2試合目に入ったとき、横にいた人たちが前の試合の大学色のシャツから第2試合の大学色のシャツに着替えるのを見かけたが、第2試合が終わると、早速夜のプロ野球チームのユニフォームシャツに着替えていた。朝から晩まで3試合連続で、熱く応援に燃えるわけである。

野球に限らず、サッカー、ラグビー、バレーボールなど、あらゆるスポーツ会場に熱い観客が押し寄せる。複数の競技会場の最寄り駅が同じだったりすると、両方で試合があるときなどはまともに歩けないほど歩道が混み合い、もの凄い熱気が漂う。

力と力のぶつかり合いに感動する

なぜそれほどスポーツ観戦に熱くなるのか。それは力と力のぶつかり合いに魅せられるのだろう。

春と夏の甲子園の高校野球は、日本の風物詩のようになっており、昼飯を食べに入った店のテレビで甲子園の中継をみると、もうそういう季節になったのだと改めて気づいたりする。

各県の予選を勝ち上がってきた選手たちが繰り広げる戦いは、ときに壮絶なものになる。

多くの学校を蹴散らしてきた県内随一の投手がめった打ちにあって大敗する。これまで打ち込まれることなどなく、常に打者を圧倒して優位に試合を進めてきたエース投手が、無残にも打ち砕かれる。打ちまくる打者たちの歓喜の表情とは対照的な、打ちひしがれた投手の表情が画面にクローズアップされる。

両投手が好投を続け、そのまま延長となるかと思われた9回裏にサヨナラホームランを打たれ、一球の失投を悔やむ投手の顔は苦痛に歪《ゆが》み、涙が溢れる。その周りを、腕を突き上げ、満面の笑みで、打者が駆け回ってホームインし、仲間たちの歓喜の輪の中で揉みくしゃにされる。

どの試合も、終了後には、整列した両校の選手たちの対照的な表情が向き合って並ぶ。敗者は悔しさを抑えて勝者を称え、握手したり、肩を叩いてさらなる活躍に向けて激励したりする。勝者は祝福されながらも、敗者の健闘を称える。

喜びに溢れる表情で校歌を歌う勝者をベンチの前に並んで見ながら、涙を流す選手たち。自分の失投で敗れた投手や自分の失策で敗れた選手、あるいは主将としてチームを引っ張ってきた選手などは、責任を重く感じるあまり泣きじゃくる。そんな選手を気づかい背中をやさしく叩く仲間たち。

涙を流すのは敗者に限らない。死闘を繰り広げ、ようやく勝てたことにホッとすると同時に、そんな緊迫した試合ができたことに感動し、涙を流す勝利投手や野手もいる。力と力のぶつかり合いの背後に、双方のさまざまな思いが透けて見える。それがひとつの人情劇となり、観る者の心を大きく揺さぶる。

私も、たまたま見始めた甲子園の中継にいつの間にか取り込まれ、投手あるいは打者の立場に立って、ハラハラドキドキしながら見入ってしまい、食べ終わっても店を出にくくなることがある。

あるプロ野球チームが連敗記録を更新しているとき、「オレが連敗を止める」といった感じで、エース投手が鬼気迫る雰囲気を漂わせて投げている試合をテレビで見ていたときのことは印象深い。投げているときは雄叫《おたけ》びを上げるような気迫が漂い、味方の攻撃中はベンチでバスタオルを被りながら試合を見ている姿からも、そこから湯気が立っているかのような気迫が感じられた。そして2点リードで迎えた9回裏ツーアウト走者1塁、カウント2ストライク1ボールで、あと1球で連敗脱出というところまで来て、投じた最後のはずの球を本塁打され、試合は振り出しに。マウンドにうずくまり、涙を流し、動けなくなっているエース投手。仲間に支えられて降板したが、その後の投手が打ち込まれ17連敗。

力と力のぶつかり合いは、常に思いがけないドラマを生み、それは観る者の心に深く刻み込まれる。

2019年秋、ワールドカップのラグビー熱

この原稿を書いている今、日本中がワールドカップのラグビーに熱狂している感がある。

元々は日本のラグビーは体格差もあって海外の強豪チームには敵《かな》うわけがないといった感じがあり、ワールドカップがあっても熱狂する雰囲気はなかった。そんな雰囲気が一変したのが2015年、前回のワールドカップだ。

日本チームは、ワールドカップで24年間にわたって勝ち星をあげられずにいた。まったく勝てなかったのだ。それが、2015年にはワールドカップ優勝経験もある強豪南アフリカに勝ち、ワールドカップ24年ぶりの勝利をあげた。その勢いで、サモアにもア

メリカにも勝って、一気に3勝をあげたのである。

そのとき大活躍した五郎丸選手は、その独特の動作もあって、国民的ヒーローとなった。そこら中で五郎丸選手の動作を真似《まね》る子どもたちを見かけたものだ。

こうした4年前の前回大会の実績ゆえに、今回のワールドカップへの人びとの期待は高まっていた。しかも、初めての日本での開催である。いろんな場所で試合が行われるため、開催地では異様な盛り上がりがあった。私が出張で出かけた福岡でも試合があるため、博多駅では派手な垂れ幕があったり、イベントのようなものが開かれていたようだった。

そして、その期待に応えるかのように、今回、日本チームは、ロシアに勝利した勢いで、何と格上のアイルランドにもまさかの勝利、サモアにも勝利し、さらにはこれも格上のスコットランドにも勝って、4戦全勝で1次リーグを一位通過し、史上初めて8強入りを果たしたのだった。

じつは今日、4強をかけて南アフリカと闘い、残念ながら敗退し、日本チームの闘いは終わった。

だが、「ワンチーム」をスローガンに絶対的な結束を示して全力を尽くした日本チームの今回大会の闘いぶりは、試合会場で、テレビで、そして飲食店の大型スクリーンで観る人びとの気持ちを大いに盛り上げ、その記憶に刻まれたはずだ。飲食店でアルコールを飲みながら1次リーグの試合を観戦した知人の話によれば、日本チームがトライする度に、知らない人同士がハイタッチしたり、抱き合ったりして、もの凄い盛り上がり方だったという。

仲間のために命懸けで頑張る。そんなラガーマンの精神が人びとの心を高揚させたのだろうが、力と力のぶつかり合いをまざまざと見せつけられた気がする。

最終戦に当たる日本対南アフリカの試合を中継するテレビ番組の視聴率が40%を超えたという。まさに多くの国民の熱狂がこの数字にあらわれている。

熱くなれない現実に対する代理満足

このようにスポーツ観戦に熱くなり、ひいきのチームや選手を必死になって応援し、その活躍に狂喜乱舞するのも、心の中にもっと熱く生きたいといった思いがあるからなのではないか。

非常に冷めた思いを抱えて生きている知人がいるが、その人はスポーツ選手を応援することはないようだ。陸上競技、とくにマラソンや駅伝が大好きな私が、マラソンや駅伝の話をすると、

「走るのが苦しいなら走らなきゃいいじゃないですか。なんで走らなきゃいけないんですかね」

「苦しいのにわざわざ走るなんて、バカじゃないですか」

などと言うので、会話が途絶えてしまう。子ども時代の部活にトラウマとでも言うべき、とてもイヤな思いを抱いているようなのだ。

ふだん生きている現実世界があまりに味気なく、熱い思いを感じる瞬間がないため、スポーツに熱さを求めている人もいるだろう。

もちろん、現実の生活がどんなに充実していても、趣味として、気分転換として、心のエネルギーの発散や補充という意味で、スポーツ観戦を楽しむということはあるだろ

う。そういう人も少なくないかもしれない。

だが、仕事がつまらなかったり、仕事がきつくて苦しいことだらけだったり、私生活が淋《さび》しいものだったり、むなしさに襲われる瞬間が多かったりしても、スポーツ観戦で盛り上がることで、束の間の興奮と充実を味わうことができる。

ふだんは時間がなかなか過ぎないような退屈な日々を過ごしている人も、あっという間に時が過ぎる密度の濃い時間を経験できる。

どんなに孤独な日々を送っている人でも、観客席で応援していると、みんなとの一体感を味わうことができる。

野球をやったことがない人も、観戦者として野球に詳しかったりするし、自分ができなくても選手と一体化して応援することで、まるで自分が活躍しているような代理満足を得ることができる。

サッカーを子ども時代に遊びでしかやったことがない人でも、サッカーを観戦し、ひいきのチームが勝つことで、あるいはひいきの選手が活躍することで、あたかも自分が活躍しているかのような代理満足を得ることができる。

体育会系のノリが合わずに、部活が続かず、友だちと個人的にスポーツを楽しんでいたような人も、観客として体育会系の部活で活躍する選手や、それを経てプロになった選手を応援し、そのプレーする姿に感動したりしている。

じつは、私も、体育会系の上下関係にはそれほど抵抗はなく、むしろ可愛がってもらえたこともあったものの、体育会にありがちな理不尽な練習というか、いわゆるしごきがどうにも納得いかず、辞めてしまった人間である。

そんな私も、陸上選手や水泳選手、テニス選手、卓球選手といった個人競技の選手だけでなく、いかにも体育会系のノリの世界を生き抜いてきた野球選手、サッカー選手、バレーボール選手、ラグビー選手といった集団競技の選手を必死になって応援していることがある。

ふだんの生活がつまらないわけではない。仕事で充実する時間もあれば、楽しい交友関係もある。それでもスポーツ観戦で味わう熱さは格別だ。現実の自分自身の活動では味わうことのできないものを味わうことができる。

そこには、自分にはできないことをやってのける、それも極限まで極めている選手たちに対する敬意や憧れがあるのかもしれない。

どちらが勝っても自分の生活には何の変化もない

ひいきのチームが勝ち、応援している選手が期待通りの活躍をすれば、大いに気持ちが盛り上がるし、気分がスッキリする。

だが、よく考えてみると、そのチームがいくら勝っても、その選手がどんなに活躍しても、自分の実生活には何の影響もない。そのチームは躍進し、観客増などで収益も上がり、その選手の評価は上がり、年俸も増えるだろうが、自分自身の収入が上がるわけでもないし、自分自身の評価が上がるわけでもない。まったく何の縁もないチームであり、選手なのである。

甲子園の応援などでは、故郷のチームや今の地元チームを応援する人たちも少なくないようだ。だが、出身県の学校だろうが、今住んでいる地域の学校だろうが、実際には何のつながりもない赤の他人の集団に過ぎない。

結局、どちらが勝っても、どの選手が活躍しても、自分の実生活には何の変化も起こらないのである。

それにもかかわらず、自分の人生を賭けるような情熱を傾けて応援する人がいる。仕事よりもスポーツ観戦に情熱を燃やす人もいる。身近な家族、たとえば奥さんや旦那さんのことよりも、特定の選手のことをたえず気にかけ、その体調を心配したり、監督やコーチとの関係を心配したりしている人もいる。

私の知人に、ひいきの野球チームが日本シリーズで敗退し、ヤケになって市電が走る線路上で仁王立ちし、市電を止めてしまった人間がいる。応援しているチームが負けたことで、もう自分はどうなってもいいと思ったのだという。

自分をひいきのチームに重ねているのである。それを心理学では同一視という。観客はみな応援するチームの選手の動きに一喜一憂するものだが、同一視の場合、応援の仕方がもっと徹底している。同一視するチームや選手の活躍は、そのまま自分の活躍のような感じになり、その挫折は自分の挫折のような感じになる。

ひいきのチームのことを悪く言ったからといって客を追い出す飲み屋の主人や、乗客を降ろすタクシーの運転手がいると聞くことがあるが、そのような人たちもひいきのチームと自分を同一視しているのだ。

そこまで同一視に縛られる場合は、やはり現実生活がなかなか思うようにいかないために代理満足を求めているといった心理が潜んでいるのではないだろうか。

純粋な実力勝負の世界と現実の煩わしい世界

なぜ人びとは、このようにスポーツの世界に心惹かれ、力と力のぶつかり合いに感動するのか。そこには現実逃避の面があるのではないか。

現実に自分が生きている世界では、実力以外の要因、言ってみれば嫌らしい要因が効力を発揮している。

実力のない上司が、部下の手柄をまるで自分の手柄であるかのように上にアピールする。上役はそうした姿勢を諫《いさ》めるどころか、その功績を認めるかのような発言をしたりして、実際にその上司がさらに出世したりする。

たいした実力もない同僚が、なぜか上司から気に入られ、不自然に高い評価を得たりする。何の策略もとらず、正直者の自分は、その種の同期に差をつけられる。

それもこれもうまい自己呈示のせいだ。印象操作とも言うが、具体的には、取り入り、自己宣伝、示範、哀願などがよく使われる。

取り入りとは、相手に好印象を与えるために、ご機嫌を取るような行動をとる自己呈示で、これには他者高揚（お世辞）や意見同調がある。「さすが課長」「おっしゃる通りです」などは、よく用いられるセリフだ。

自己宣伝とは、自分が有能な人物、相手にとって役に立つ人物であるといった印象を与えるために、有能さや有用性、あるいは人の良さを誇張した自己描写を行うものである。

示範とは、影響力を得るために、自分が立派な人物だという印象を与えようとすることで、献身的努力や自己犠牲的援助を演技として行うものである。

哀願とは、大目に見てもらうため、あるいは援助の手を差し伸べてもらうために、かわいそうといった印象を与えることである。

こういった、いわば嫌らしい戦略が、実社会では猛威を振るっている。

そんなわざとらしいことは自分はできない。いくら得することがわかってはいても、そんな嫌らしい策略を使ってまで出世しようとは思わない。そういう人も、こうした策略を使って順調にのし上がっていく人たちを見るにつけ、「何なんだ、この組織は」「結局、正直者がバカを見るしかないのか」などと、納得のいかない思いに駆られる。それを友だちに嘆くと、「世の中、そんなもんだよ」「取り入りも実力のうちっていうことなんじゃないの」などと突き放すような、あるいは諦めたようなことを言われる。

そんな人にとって、純粋に力と力がぶつかり合う世界、実力勝負のスポーツの世界は、まさに理想の世界に思える。ゆえに、スポーツ観戦している間は、気持ちがスッキリし、現実の煩わしさから解放される。

池井戸作品の人気の要因も体育会系のノリにある?

こうしたスポーツ観戦する人びとの盛り上がりを見るにつけ、池井戸作品を連想してしまう。池井戸潤の小説をもとにしたテレビドラマはどれも大人気だが、そこには体育会系につながる熱いものが漂っている。

たとえば、「下町ロケット」。

佃《つくだ》製作所の社長である佃航平は、宇宙ロケット打ち上げの夢を捨てきれないまま、町工場でロケット部品にも通用するような精密な技術を追求していた。

あるときエンジン部品を納入していた取引先から突然取引の終了を通告される。内製化の方針が決定されたのだという。その部品製造のために整えた製造ラインの問題もあれば、そのために確保した人員の問題もある。何とか考え直してもらえないかと頼み込む佃だが、「それはお宅の都合でしょ」と冷たく突き放される。

そのお陰で赤字になるのが避けられない事態に。それでなくても研究開発費が膨れあがっているため、資金繰りが元々苦しくなっていた。佃は研究開発が命という人間ゆえ、実用化の目処《めど》が立たないままに研究開発に邁進《まいしん》する。そういう姿勢に反発する従業員もいるものの、品質を売り物にする会社の姿勢を誇りにする従業員たちに支えられている。

資金繰りを何とかしないといけないため銀行に追加融資を申し込みに行くが、すんなりとは認められない。実益に結びつかない研究開発は控えて、回収の見込みが立つような方向性を示すように言われる。

そんなとき、追い打ちをかけるように、佃のもとに特許侵害による損害賠償の訴状が届く。明らかに言いがかりなのだが、相手は大企業である。しかも、いきなりそのことをプレス発表してきたため、銀行との交渉はますます難航する。

先方の目論見《もくろみ》は、プレス発表により世間の評判を落とし、取引先の不信感を煽り、取引銀行からの融資も難しくさせ、佃製作所を追い込み、傘下に入れ、その技術を奪うことにあった。言いがかりであっても裁判の決着には時間がかかるため、中小企業の体力はもたないと踏んだわけだ。

窮地に立たされた佃だが、ある有能かつ志のある弁護士との出会いで裁判も巻き返していく。

そんなとき日本を代表する大資本のグループ企業である帝国重工は、大型ロケットの打ち上げを計画しており、そのために開発した新型エンジン部品の特許を得ようとしたところ、既に同じ内容の特許が存在するとして却下される。それは佃製作所のものだった。その町工場が訴訟に巻き込まれていることを知った帝国重工の担当者は、その技術を安く買い叩こうと企み、バルブシステムの技術譲渡を申し込む。そして、それをロケットエンジンに搭載してこそ、その技術が生きると力説する。価格は20億円。

佃製作所の社内は揺れる。喉から手が出るほどほしい現金。しかも20億円もの大金である。だが、あの技術は絶対に手放したくないという技術者。結局譲渡を断る。

佃製作所は裁判で勝利し、絶体絶命の危機を脱する。取引銀行も手の平を返したように協力的になる。そこで帝国重工は強気の交渉姿勢から転換せざるを得ず、譲渡でなく年間5億円の使用料での特許使用を申し込む。夢を追うばかりで利益が伴わず、資金繰りは崖っぷち。巨額の特許使用料は大きな魅力だ。大金が入ると舞い上がる従業員たちだが、佃はこれも断る。特許を使わせるのではなく、自分たちで製作した部品を帝国重工に提供したいのだという。従業員たちは納得がいかない。ボーナスもまともに払う余力がない現状である。

それに対して佃は、金の問題じゃない、これはエンジンメーカーとしての夢とプライドの問題なのだと説く。趣味で仕事をしているのではない、食っていかなきゃならないんだ、会社は社長の夢のための私物なのかと、あくまで納得しない従業員がいるものの、自分たちが作った部品がロケットに搭載され宇宙に打ち上げられるのはすごいことだと賛同する技術者もいる。

紆余曲折《うよきょくせつ》はあったものの、帝国重工の担当者も佃製作所の技術水準の高さに圧倒され、また金儲けよりも技術の追求や部品供給にこだわりを見せる佃の情熱、そして自由な雰囲気の中で活気に溢れる職場の雰囲気に脱帽し、部品共給が受け入れられる。

そのためには帝国重工の厳しい製品テストを受け、評価項目をパスしなければならない。佃社長の意気込みを感じ、そんな社長の思いに何とか応えたいと従業員も必死に頑張る。一丸となって極限までの品質改良に日夜没頭する従業員たち。みんな使命感に燃え、「自分のため」といった利己的な思いを超えたところで必死に頑張っている。

そうした努力が実り、ついに佃製作所のロケットエンジン用バルブを搭載したロケットが種子島の発射台から打ち上げられた。

このドラマにみられる強い仲間意識と熱い思い、そこにみられる一体感、諦めない姿勢、社長と従業員の間の温かい心の交流、信頼の絆。それらはそのまま体育会系のノリに通じるものと言えないだろうか。

見る者を熱くさせる体育会系の魅力

本格的なスポーツの世界と池井戸ドラマの世界。どちらも見る者の熱い思いを喚起するものがある。

仲間との一体感。とことん突き詰めていく情熱。困難にもめげずに頑張り抜く姿勢。あんなふうに仲間を信頼できる世界に生きられたらどんなに心地よいだろう。あのような一体感があれば、どんなときも頑張れそう。あんなふうに何かに情熱を傾けて打ち込めたら、どんなに幸せだろう。

そんな思いに駆られる人が多いはずだ。

現実には、あんなふうに一体感をもてる仲間などいないという人が大多数だろう。友だちはいても、そこまで信頼の絆で結ばれているというわけではないし、共通の目標に向かって一緒に頑張るといった感じもない。むしろ、「こんなことを言ったら傷つけちゃうかな」「気まずくなりたくないな」などと、友だちにもけっこう気をつかうという声をよく聞く。

また、スポーツでも仕事でも、あのように打ち込めるものなどないという人が大多数だろう。自分は運動神経が今イチだし、スポーツにそこまで熱中したことはないし、今後もそんなことは考えられないという人。体育会系の縛りが苦手で、自由に暮らしたいから、スポーツ系の部活はやらなかったという人。スポーツでも趣味でも仕事でも、のめり込むものがあるのは羨ましい、自分にはそれがないという人。そんな人たちにとって、スポーツの世界や池井戸ドラマの世界は圧倒的な輝きをもつ憧れの世界とも言える。

何かに打ち込むというだけではない。みんなで力を合わせて頑張っているといった一体感も心を揺さぶる。

自分のためというより、何かのため、だれかのために頑張っている。自分を超えた何ものかのために頑張るというのは、すごく気持ちがいいし、やりがいを感じる。

近頃は、「輝く社会」「活躍社会」などといった人の自己愛を刺激するキャッチフレーズによって、「自分が、自分が」といった自己中心的な心理が世の中に蔓延《まんえん》している。

それでは利己的な生き方はできても、自己実現への道からは遠ざかってしまう。自己実現というのは、自己への過剰なとらわれから脱しないかぎり到達できないものと言える。

自分が活躍することや注目されることを自己実現と思っているかのような発言が目立つが、それは大きな勘違いだ。そうした自己中心的な姿勢のままでは自己実現はほど遠いと言わざるを得ない。何かで活躍し目立っている人が、人間的に非常に未熟で利己的であったりする例は、身近に溢れているのではないだろうか。

自己実現などということは考えずに、何かに没頭することが、自己実現への第一歩となる。何かに集中し、没頭し、充実した時を過ごすことによって、日々の生活が意味で満たされ、そこに自己実現への道が開かれていくのである。

そこで耳を傾けたいのは、精神医学者であり心理学者でもあるヴィクトール・フランクルのつぎのような言葉だ。

「ある事柄に尽力し、あるいはある人格を愛することによって、人間は自己自身を成就します。彼が自分の課題に夢中になればなるほど、彼が自分の相手に献身すればするほど、それだけ彼は人間であり、それだけ彼は彼自身になるのです。したがって、人間はもともと、自己自身を忘れ、自己自身を無視する程度に応じてのみ、自己自身を実現することができるのです。」(フランクル 中村友太郎訳『生きがい喪失の悩み』エンデルレ書店)

我を忘れて何かの課題に夢中になったり、だれかに献身したりすることで、自己を実現することができる。そのように強調するフランクルは、人間存在の本質は、自己実現ではなく自己超越性にあるという。

では、自己超越性とは何なのか。

「『自己超越性』という言葉は、人間であるということが常に、自分自身とは別の何か、自分自身とは違う誰かに向かって存在することだという、根源的な人間学的事実を意味している。(中略)

人間存在のこの自己超越性を人が生きぬくその限りにおいて、人は本当の意味で人間になり、本当の自分になる。そして人がそのようになるのは、自分自身を自己の実現に関与させることによってではなく、むしろ逆に自分自身を忘れること、自分自身を与えること、自分自身を見つめないこと、自分自身の外側に心を集中させることによってな

のである。」（フランクル　諸富祥彦監訳　上嶋洋一・松岡世利子訳『〈生きる意味〉を求めて』春秋社）

「自己実現と呼ばれているものも、自己超越によってもたらされる意図せざる効果であり、意図せざる効果のままに留まっていなければならない。自己実現を意図的な目標にしてしまうことは破壊的であると同時に自滅的である。」（同書）

職業でも、趣味の会でも、地域の自治会の活動でも、子ども会の活動でも、何らかの使命を全うすること。身近な人でも、地域の困っている人でも、だれかのために役立とうとすること。組織のため、みんなのために頑張ろうとすること。そうした自己超越の姿勢が、ほんとうの人間としての生き方であり、それが自己実現への道につながっているのである。

自分のためばかりを意識しているかぎり、利己的な匂いが漂い、けっして自己実現に近づくことはできない。まずは我を忘れて何かに没頭すること、あるいはだれかのために夢中になることが大切なのであり、それが充実感ややりがい感につながっていく。

これはまさに、仲間のため、チームのために力を合わせて頑張るという、いわゆる体育会系の魅力の源泉とも言えるだろう。

非現実の世界だから美しいといった面もある

このように魅力を発している体育会系の世界だが、観る者にとっては美しい世界も、実際にそこを生きる選手たちにとっては非常に過酷な世界だったりする。

メディアが流すチームや選手たちのドラマに心打たれつつ観戦する人の中には、体育会系の部活に耐えられずに逃げ出した人も少なからずいるはずだ。メディアを通して流されるストーリーは美しいものであっても、それはあくまでも観客向けの現実であって、かなり美化されたものであるのがふつうだ。

理不尽なしごきに耐えねばならないというようなことは論外としても、力と力の勝負の世界の厳しさには想像を絶するものがある。

戦力外を突然通告され、妻と幼い子どもたちをどう養えばよいか途方に暮れるプロ野球選手たちの姿を映し出すテレビ番組などを見ると、その過酷さがわかる。

このまま諦めるわけにはいかない、どこか他のチームに拾ってもらいたいといった願いを込めて、トライアウトに賭ける選手たち。スカウトの目にとまるように必死のプレーを見せようとしている夫を涙目で見守る妻たち。

でも、現実は厳しい。その中でスカウトの目にとまって復活のチャンスをつかめるのはほんの一握りに過ぎず、ほとんどの選手たちは生きる場を失い、第二の人生を模索するしかない。まだ20代半ばでそうした立場に追い込まれたりするのである。これが実力勝負の世界の過酷な現実だ。

優秀な選手が毎年たくさん入ってくる。そんな中、生き残るための熾烈《しれつ》な競争を勝ち残っていくしか生きる道はない。

そんな体育会系の世界が美しく感じられるのは、観客にとっては非現実の世界だからである。会社が同じように実力勝負の世界で、毎年入社してくる優秀な新人たちと実力を競い合い、ふるいにかけられ、多くが20代のうちにクビを切られるとしたら、力と力がぶつかり合う世界は美しいなどと言っていられないはずだ。

池井戸氏の描く下町工場の熱い世界も同じである。大資本に負けないように、会社の生き残りを賭けて社員一丸となって必死に働く。薄給にも文句を言わず、儲けよりも精度の高さを求め、技術力をひたすら追求する。

それはドラマの世界だから、そのひたむきな情熱や団結力が感動を与え、美しい世界を織りなしているわけだが、これが現実だったらどうだろうか。生活のひもじさにどこまで耐えられるものか。

家族離散の危機に見舞われるかもしれない。そうでなくても、貧しさに文句も言わずに耐える妻や子どもたちを日々見ていながら、自分の生きている世界を美しいと思い続けることができるだろうか。

技術の追求のため、あるいは会社の存続のため、いくら尊敬すべき社長との温かい心の交流があるからといって、薄給なだけでなく、残業だらけの生活に疲弊していく生活に、どれだけの人が耐えられるだろうか。

現実にそうした職場で働くことには、強い抵抗がある人が少なくないはずだ。

第二章　さまざまな問題が明るみに出た体育会系組織

日大アメフト部の悪質タックル問題

第1章では、多くの人々を虜《とりこ》にする魅力がスポーツの世界にはあることを示しつつ、その選手たちが生きているのは、じつは非常に厳しく過酷な体育会系の世界でもあることを指摘した。

そうした厳しく過酷な世界だからこそ歪みが出てしまうのだろうか。このところ体育会系組織のさまざまな不祥事がメディアを賑わせている。

体育会系の世界にありがちな特徴として、上意下達《かたつ》、上には絶対服従といったものがある。これがさまざまな問題を生じ、ときに不祥事につながっていくのではないだろうか。

2018年5月6日、日本大学（以下、日大）と関西学院大学（以下、関学大）のアメリカンフットボール部（以下、アメフト部）の定期戦において、パスを投げ終えて無防備な状態の関学大のクオーターバック（以下、QB）に日大の選手が背後から激しいタックルをかました。のけぞって倒れた関学の選手は全治3週間のケガを負った。

この危険なプレーが反則であり、許し難い行為であるとして、関学大側が抗議しただけでなく、このプレーの責任の所在をめぐって世論も沸騰した。

悪質タックルをした日大の選手が、監督やコーチの指示でそうするしかなかったと周囲に漏らしていることが報じられたが、日大側はそれを否定した。

こうした状況下にある5月22日、問題の渦中にいる日大の選手が会見を開き、反省と被害者への謝罪を述べるとともに、陳述文を読み上げる形で事の経緯を説明した（以下、読売新聞オンライン2018年5月23日付の陳述文全文より抜粋）

5月3日　実戦形式の練習でプレーが悪かったとして練習を外された。その頃、監督やコーチから「やる気が足りない。闘志が足りない」と指摘されるようになっていた。この日も、コーチから「お前が変わらない限り、練習にも試合にも出さない」と言われた。

5月4日　練習前に監督から「日本代表に行っちゃダメだよ」と、当時選抜されていたアメリカンフットボール大学世界選手権日本代表を辞退するように言われた。

5月5日　コーチから「監督に、お前をどうしたら試合に出せるか聞いたら、相手の

QBを1プレー目で潰せば出してやると言われた。『QBを潰しに行くんで僕を使ってください』と監督に言いに行け」と言われた。さらに、「相手のQBがけがをして秋の試合に出られなかったらこっちの得だろう」「これは本当にやらなくてはいけないぞ」などと念押しされた。

5月6日　ここでやらなければ後がないと思って試合会場に向かった。試合のメンバー表に自分の名前はなかった。コーチに確認したところ、「今行ってこい」と言われ、監督に「相手のQBを潰しに行くんで使ってください」と伝えた。監督からは「やらなきゃ意味ないよ」と言われた。

試合後、スタメンと4年生が集められたとき、監督から「こいつのは自分がやらせた。こいつが成長してくれるんならそれでいい。相手のことを考える必要はない」という話があった。

コーチからは、危険プレーで退場になった後に泣いていたことについて、「やさしすぎるところがダメなんだ。相手に悪いと思ったんだろ」と責められた。それでさらに気持ちが追い詰められた。

5月8日　監督に「もうフットボールをやりたくない」と言うが、気にするなと言われ、コーチからも引き留められた。
5月11日　両親とともに監督とコーチに面会を求め、父から「監督・コーチから選手に対して対戦校のQBにけがを負わせろと指示を出し、選手はそれに従っただけ」である旨の公表を求め、そのメモを先方に渡したが、「公表できない」と拒絶された。
当該選手は、大変なことをしてしまったといった思いに駆られ、良心の呵責《かしゃく》に強く苛《さいな》まれたに違いない。さらには、自分は指示をしていないとして責任逃れをし、選手だけに責任をなすりつけようとする監督やコーチへの不信感、そして憤りは、筆舌に尽くしがたいものがあったのだろう。

名実ともに「体育会系」のトップ

こうした選手側の会見を受けて、5月23日に日大の内田正人監督と井上奨コーチが初めて会見を行った。そこでは、QBを潰してこいと言ったことを認めつつも、それは闘志をもってやってこいという意味だった、相手のQBを潰すなら試合に出してやると言ったのも、こういう気持ちで覚悟を決めて行けという意味だった、いろんなことを言ったがそれは選手を成長させるためだったなどと苦しい言い訳に終始し、反則タックルはあくまでも選手の誤解によるものと主張した。

24日の日大アメフット部の父母会総会では内田派を一掃するようにといった批判が続出し、日大の教職員組合も問題の徹底糾明を求める声明を出し、日大アメフット部選手一同も「監督とコーチの指示に盲目的に従ってきた」とし、内田監督の勝利至上主義を否定する声明を発表した。

関学大側は5月27日、監督やコーチの指示を否定する日大側の姿勢に対して、矛盾があり納得できないと態度を硬化させ、全治3週間のケガを負った関学大の選手側は大阪府警に被害届を提出した。

そして、5月29日、関東学生アメリカンフットボール連盟は、タックルは監督・コーチの指示によるものと認定し、内田監督と井上コーチの除名処分、並びに日大アメフット部と当該選手の2018年度シーズン終了までの公式試合の出場停止処分を決定した。

翌5月30日、日大は悪質タックルを指示した疑いのある内田監督及び井上コーチの解任を決定した。

細かな経緯には不明の点もあるものの、一連のやりとりをみると、この事件の背景には、体育会系の組織にありがちな上からの指示には絶対服従といった空気が強く絡んでいたことは明らかであろう。

しかも、人並み以上に実力があることがわかる大学選手権日本代表に選ばれているような選手を練習にも試合にも出さない、日本代表も辞退しろというところまで追い込んで、言うことを聞けば試合に出してやると追い込むことで、上には絶対に逆らえないという空気を強化していたことが窺《うかが》える。

さらには、その後の報道をみると、そのように上には絶対に逆らえないといった空気に支配されてきたのはアメリカンフットボール部だけではなく、日大という組織全体であったのではないかと疑わざるを得ない。

内田監督はアメリカンフットボール部の監督であっただけでなく、日大の常務理事でもあり、しかも人事部長も兼任して人事権を握っており、理事長の側近としてナンバー

2の立場にあり、逆らえる人物は学内にはいなかったというのである。これは、まさに上意下達、上には絶対服従の体育会系の悪習をそのまま踏襲したような組織と言える。

さらに言えば、日大の事実上トップとナンバー2を占める田中理事長も内田監督も、それぞれ日大相撲部出身とアメリカンフットボール部出身というように、文字通り体育会系の人物だったのである。

日本ボクシング連盟のパワハラ等の不祥事

2018年7月27日付で、「日本ボクシングを再興する会」を名乗る333名による、終身会長として日本ボクシング連盟を牛耳る山根明氏に対する告発状が、日本オリンピック協会、日本スポーツ協会、文部科学省、スポーツ庁などに宛てて提出された。

そこには、アスリート助成金の不正流用、試合用グローブ等の不透明な独占販売といった金銭面の不正疑惑、公式試合における組織的な審判不正疑惑など、10項目以上の問題が指摘されていた。

たとえば、試合用グローブ等の不透明な独占販売に関しては、公式戦では山根会長の息のかかった店で検定を受けたグローブしか使えないばかりか、市場価格の2～3割高く販売されていることや、その代金の振込先が会長の孫の口座になっていることなどが指摘されていた。

こうした疑惑の調査を行った日本ボクシング連盟の第三者委員会は、9月28日、記者会見を行い、審判員の不正疑惑に関して、山根前会長らの言動が影響した不正な審判が存在したことを認めた。アスリート助成金の不正流用疑惑に関しても、それを認めた。試合用グローブの独占販売疑惑についても、収益の一部を前会長が個人的に収受した可能性があるとした。

最も注目されたのは、公式試合における組織的な審判の不正で、高校ボクシング界では「奈良判定」という言葉があり、山根会長が奈良県連出身のため、奈良県の選手に有利な判定が多いと指摘されていた。

たとえば、2016年の岩手国体において、岩手代表の選手が奈良代表の選手を相手に、3回に2度のダウンを奪いながら1対2でまさかの判定負けを喫し、初戦で敗退した。当該選手は、奈良判定は有名で、「やっぱりダメなんだ」と思ったという。周囲からは「勝ってたぞ」と慰められたが、「じゃあ、なんで負けたんだ」となかなか敗戦を受け入れることができなかったという（岩手日報2018年10月10日付）。

山根会長の意に反した判定を下したことにより排除されたという審判員たちの証言も報道されている。それによれば、奈良判定は存在するとし、意向に従わないと資格停止に近い不当な罰を与えられるという。公式戦から排除されたという2人の審判は審判不正疑惑の内情を暴露している。

そのひとりは、「山根会長以下、連盟幹部のお気に入りの選手に負けをつける公正な判定を下せば、まず排除される。『目には見えない圧力』があり、それが常態化していた。諸悪の根源は山根会長のパワハラだ」としている。山根会長の意に反した判定を下すと、側近幹部から「隠語のように『お前は調子が悪いのか？』と言われる」とし、さらに、「審判員のミーティングで『この選手は山根会長がたくさん強化費を使ってるから負けさせたらいかん』という暗黙のルールみたいなのがあった。直接的に審判不正は強要されなかったが、会長お気に入りの選手に負けを付けたその日の夜に『帰れ』と言われ、大会期間中なのに交通費も支給されず帰らされた。それ以来、二度と公式戦に呼ばれなくなった」と証言している（スポーツ報知2018年8月1日付）。

もうひとりの審判も、審判員の間で暗黙の了解となっている奈良判定の存在を指摘する。会長代行を務める山根会長の息子が大声で審判を怒鳴りつける場面を目撃したこともあるという。「意に反した判定を下せばクビになるという恐怖があった。『それが当たり前』みたいにマヒしてしまい、私自身、マインドコントロールみたいな心境だった」と自らを振り返って語っている（同紙）。

このように、良心の呵責に苛まれながらも、言うことを聞かないと外されるといった恐怖感から、自分でも納得いかない判定、選手にとってはもっと納得のいかない判定を下さざるを得ないことがあったのだろう。

結局、8月8日に山根氏は日本ボクシング連盟の会長を辞任することを表明するに至った。

山根氏は、会長辞任後のインタビューにおいて、奈良判定のようなことは世界の舞台では日常茶飯事だとし、つぎのように語る（週刊大衆10月8日号）。

「五分五分だったとき、プロの世界ではドローがあるけど、アマチュアでは各国の審判員が○×をつけて勝敗が決まる。その際、国同士の力関係が影響するんです。金があれば金、なければ、顔がものを言う。だから私は命を懸けて、〝男・山根〟の顔で日本の影響力を高めてきた」

実際、2012年のロンドン五輪で、日本の清水聡選手はアゼルバイジャンの選手を六度もダウンさせながら一度は判定負けとなっている。その後、抗議により結果が覆った。なぜこのようなことになったのかだが、相手国が国際ボクシング協会に多額の金を支払っていたからではないかという疑惑があるという。

「金メダルも会長のおかげです」

2012年のロンドン五輪で金メダルを取った村田諒太選手との確執についてもさまざまなことが言われている。

アマチュア選手が取材を受ける際には、「山根会長のおかげです」と言わないと山根氏は烈火のごとく怒るため、そうしたセリフを口にするという暗黙のルールがあるという。ところが、村田選手は、あるインタビューで、高校時代の恩師の名前を出し、山根氏の名前は出さなかった。それを知った山根氏は、「村田のガキ、ワシの名前を言わんかった。殺してしまうぞ」と怒り狂っていたとの証言がある。さらには、金メダルを獲得して、メディアで引っ張りだこの村田選手を見て、「村田には（テレビに出演して）カネが入っとんのに、ワシに一銭も持ってけえへん」などと言っていたという（週刊文春２０１７年8月10日号）。

その後、村田選手がプロ転向の意思を表明したのに対して、山根氏は強硬に反対し、それにもかかわらずプロ入りの意思を曲げない村田選手の態度が山根氏の逆鱗《げきりん》に触れ、２０１３年2月に日本ボクシング連盟は「引退勧告」を村田選手に突きつけるに至った。結局、村田選手が連盟に対して謝罪し、「金メダルも会長のおかげです」と言うことで、ようやくプロ転向が認められたのだという（同誌）。

さらには、五輪出場までもが山根氏の意向に左右されるという。２０１６年のリオ五輪からプロ選手の出場が解禁され、村田選手はもう一度金メダルを狙いたいという思いがあったのだが、山根会長はプロ経験者の五輪出場は認めなかったという。村田選手だけでなく、元プロの高山勝成選手が東京五輪を目指してアマチュア登録を申請したのだが、日本ボクシング連盟は受理しなかったという（同誌）。

このように日本ボクシング協会を牛耳ってきた山根氏が、じつはアメリカンフットボールの危険タックル問題の渦中にある日大の客員教授も兼ねていることがわかり、話題となった。その背景として、日大アメフット部の内田監督による独裁を許した、日大相撲部出身の田中理事長と山根氏とのつながりがあるという。

さまざまな要因が絡んでいるのであろうが、どうも体育会系の組織には、権力者の独断による暴走にブレーキがかかりにくい体質があるように思われる。

日本体操協会のパワハラ疑惑

２０１８年８月15日、日本体操協会が、指導中の暴力行為を理由に速水《はやみ》佑斗コーチを無期限の登録抹消処分とした。

これにより同コーチによる指導を受けられなくなったリオ五輪女子体操代表の宮川紗《さ》江《え》選手が、8月29日に記者会見を開き、同コーチの処分見直しを訴えるとともに、協会の塚原千恵子女子強化本部長からパワハラを受けてきたことを明かし、日本の体操界に激震が走った。

宮川選手の訴えは、つぎのようなものだった（朝日新聞デジタル2018年8月29日付）。

・小学校5年生のときから8年以上指導を受けてきた速水コーチの指導は、厳しさの中にも楽しさややさしさがある。暴力的な指導は、自分が力を抜いたり、大ケガになるような場面であったくらいであり、しかも1年以上前のことである。

・速水コーチの処分は重すぎる。その背景に不自然な動きがあった。処分が決まる前に、塚原強化本部長から「暴力行為があったと認めないと、あなたが困る」「あのコーチはだめ。私は100倍教えられる」と言われた。

・塚原強化本部長からパワハラを受けた。今回の暴力行為の件を使ってコーチを引き離そうとしていると感じた。私の夢は速水コーチと一緒に金メダルを取ること。選手一人ひとりが意見を言える体制を望む。
・言うことを聞く人、反論しない人が優遇されていて、協会の強化方針に従わない自分はナショナルトレーニングセンターの利用制限をかけられるなどして、協会の体制に対して不信感を抱いている。
小学生の頃から二人三脚で頑張ってきたコーチを外されたことのショックは、相当なものだったと思われる。それによって、理不尽な力に対する憤りが噴出し、大胆な行動に出たと考えられる。そうせざるを得ないところまで気持ちが追い詰められていたということだろう。

宮川選手の記者会見を受けて、日本体操協会は、8月30日に第三者委員会を立ち上げて調査を行うことを決めた。

パワハラの事実があったかどうかは別として、日本体操協会副会長の塚原光男氏と同協会女子強化本部長の塚原千恵子氏の夫妻が、長い間にわたり協会の要職に就いており、ともに70代の今でも組織を牛耳る力をもっているのは事実のようだ。

バルセロナ五輪などのメダリストである池谷幸雄氏は、「2人は相当強い力を持っている。千恵子氏は女子のすべてを決められる」と指摘する（朝日新聞デジタル2018年8月31日付）。

協会は年間を通じて国内外での合宿に参加する「2020東京五輪特別強化選手」制度を立ち上げたが、強化方針が具体的でないとの理由で宮川選手は参加しなかった。それに対して塚原千恵子氏から、「参加しないと協会として協力できなくなる。五輪にも出られなくなるわよ」と言われたと、宮川選手は主張する。

こうした動きに対して、塚原夫妻は8月31日に声明を発表した。そこでは、宮川選手に謝罪の意を示す一方で、宮川選手の発言内容の一部やパワハラを否定した。

たとえば、「五輪に出られなくなるわよ」と発言したことは認めたうえで、ケガで成績が振るわなかったことを言ったのであり、けっして脅すための発言ではないとした。

9月2日、塚原夫妻は、「直接謝罪をさせていただきたい」との声明文をメディアに公表した。これを受けて、宮川選手の代理人は4日に宮川選手と両親を交えて対応を協議したが、塚原夫妻側に申し入れを拒否する旨を連絡した。代理人によれば、頭を下げられても意味はなく、2人とも進退を明言しておらず、協会に残ろうという意図が明らかだからだという。

処分を受けた速水コーチも、9月5日に記者会見を開いて、自身の指導中の暴力行為についての説明を行った（朝日新聞デジタル2018年9月5日付）。

そこでは、今の時代、暴力はどんな理由であれけっして許されるものではないとしつつ、頭をひっぱたく、髪の毛を引っ張る、ほっぺたを平手で叩く、お尻を蹴るといった行為をしたことを明かした。

自分自身、子どもの頃、危険な場面や練習に身が入っていないときに厳しく指導され、当時はそれに対して、教えてもらえたという感謝の気持ちをもってしまっていた、それが自分の根底にあったが、そういう認識が間違っていたとした。

塚原氏から宮川選手へのパワハラはあったかとの質問に対しては、「2020東京五輪特別強化選手」に入っていないことでナショナルトレーニングセンターの利用制限をかけられ、また海外派遣されなかったことから、やはり指示に従わないとそうなるのかと圧力を感じた、なぜナショナル選手なのに制限がかけられるのかがわからなかった、などと述べた。

「解釈のすれ違い」で済むのか

9月9日、メディアの取材に応じた塚原夫妻は、自分たちが運営する朝日生命に繰り返し勧誘されたとする宮川選手の主張に対して、練習環境が悪くて困っていると聞いて一度手を差し伸べたことはあるとするなど、問題とされる一連の言動について、宮川選手の練習環境をおもんぱかったものだと強調した（朝日新聞デジタル2018年9月11日付）。

12月10日、日本体操協会は、第三者委員会の調査結果を公表した。

宮川選手の訴えに関しては、パワハラの有無が焦点となったが、宮川選手に対する副会長塚原光男氏と強化本部長千恵子氏夫妻の言動について、「不適切ではあったが、パワハラではない」と結論づけた。そして、一時職務停止処分としていた塚原千恵子氏に関して、不適切なことは不適切としっかり認めてもらうことを条件として復帰させるとした（朝日新聞デジタル12月11日付）。

調査結果をめぐる記者会見の様子や第三者委員会の調査報告書骨子を見ても、塚原千恵子氏の発言に関して、塚原氏の真意と宮川選手の受け止め方がずれているといった見方に終始している感がある。この種の問題は、密室での発言をめぐる解釈が中心になるため、それぞれの視点があり、客観的に評価するのは困難と言える。

だが、このような解釈のすれ違いが大きな問題に発展したことからして、何か構造的な問題が組織にあると考えるのが妥当だろう。

2019年3月9日、日本体操協会は、関係者の懲戒処分は見送ったうえで、宮川選手に関しては、その一部の言動が塚原千恵子氏の名誉を傷つけたなどとして、反省文の提出を求めた。塚原夫妻に関しては、謝罪と任期満了での退任を求めた。協会によれば、宮川選手はすでに反省文を提出済みで、塚原夫妻も前年12月の臨時評議員会で謝罪しており、千恵子氏は3月末、光男氏は6月末の任期満了で退任することが決まっていた。結局は、新たな対応は求めずに幕引きとする形となった（朝日新聞デジタル2019年3月10日付）。

ただし、長く協会を牛耳ってきた塚原夫妻が任期満了といった形にしろ退任することになったのは、新たな風が吹いたとも言える。

このところ何でもハラスメントと訴えるのがどんな組織でも目立ち、それが見当違いのクレームだったりして、いろんな組織に混乱が生じ、管理職も困惑しているといった実態がある。

だが、今回の件に関する報道をみるかぎり、訴えた選手、そして処分されたコーチの気持ちや立場に共感できる面もある。このように精神的に追い込まれた選手の側がパワハラだとして訴えるという行動に出るようになったのは、事実がどうだったかということは別として、体育会系組織にありがちな欠陥を修正していくきっかけとなり得るのではないだろうか。

『白い巨塔』も体育会系?

医学部附属病院の人間模様を描く山崎豊子の小説「白い巨塔」は、何度もドラマ化され、高視聴率を取っている人気作品である。なぜこの作品がそれほどまでに人々の共感を呼ぶのだろうか。それは、ここに描かれている組織とその中の人間模様が、けっして特殊なものではなく、だれもが「ある、ある。そうなんだよな」と思わざるを得ない普遍性をもつからではないだろうか。

では、『白い巨塔』（全5巻のうち1～3巻　新潮文庫）を元に、そこで描かれている組織とその中の人間模様についてみておこう。

主人公の財前五郎は、国立浪速大学附属病院第一外科の助教授だが、食道・胃吻合《ふんごう》手術を得意とし、上司である東教授をしのぐ技量をもつとみられ、週刊誌にも手術室で食道癌《がん》の執刀中の写真付きで、「魔術のようなメス、食道癌の若き権威者」といったキャッチフレーズが躍る記事が載るほどだった。

技量が高いだけでなく、野心家の財前は、東教授の定年退官後の教授の座を虎視眈々《こしたんたん》と狙っていた。財前は開業医である財前又一の養子婿なのだが、その又一も名誉欲の塊で、五郎の国立大学教授就任を夢見ており、そのためにはあらゆる財力と人脈を駆使していく。又一の五郎に対するつぎのような発言が、その執念を如実にあらわしている。

「ともかく、わしが見込んだあんたや、わしがなれんかった国立大学の教授に、何がなんでもなってほしい、開業医というものは、どない患者が集まって、金が唸《うな》るほど出来ても、淋《さび》しいもんや（中略）人間は金が出来たら、次に名誉が欲しくなる、人間の究極の欲望は名誉や、名誉ができたら自然に、金も人も随いて来るけど、金はどこまでもただの金に過ぎん、わしの出来んかった名誉欲を、女婿のあんたに是が非でも果して貰いたい、わしの金儲《かねもう》けはみんなそのためや」

「食道・胃吻合術とは、ええものを専門にしたな（中略）けど、もうこれ以上、マスコミで有名になったらあかん、昔から、学会で有名にならん前に、マスコミで有名になり過ぎたら、必ずつぶされてしまうといううきまり文句があるさかいな（後略）」

そんな又一は、五郎に医師会とのつながりを大事にしないといけないと言い、懇意にしている医師会長の岩田と引きあわせる。その岩田が口にするつぎのようなセリフも、医学会という組織の権力構造を端的にあらわすものと言える。

「（前略）医学部の教授のポストや、選挙についても、嘴《くちばし》を入れる、たとえば、或る教授が自分のあと釜《がま》に、浪速大学医学部出身でない、他の大学の助教授などを持って来ようとすると、そんなのが来たら、何かの際、われわれの手に負えなくなった患者を担《かつ》ぎ込んだり、病室の無理を云うたり、開業医で出来ない検査を頼んだりなど、無理をきいて貰《もら》えんようになるので、同窓会で結束し、反対運動をやって、ぶち壊しにしてしまう場合がある」

現在の浪速大学の鵜飼《うがい》医学部長についても、

「（前略）もう少しで、今、病院長をやってる則内《のりうち》教授に行きそうになった票を、強引に鵜飼票にまとめて、あれを医学部長に持って行ったんや（後略）」

と内幕を暴露する。

良心的な医師の末路

財前の同期の友人である里見脩二は、第一内科の助教授だが、アクが強い野心家の財前とは正反対の研究者肌で良心的な医師である。あるとき、上司である鵜飼教授が胃癌と診断した患者のエックス線写真から膵《すい》臓癌ではないかとの疑念を抱き、外科の財前に試験切開を頼んだ。膵臓癌の手術をやる機会は滅多にないと喜んだ財前だが、その患者を胃癌と診断したのが権力者鵜飼教授だと知ったときのたじろぎ方と里見とのやりとりが医学会の組織の特徴を見事にあらわしている。

「財前君、君まさか、うちの教授が医学部長だからというので、自分の将来のことなどを考えて、この試験切開を躊躇っているのじゃあるまいな」「正しい診断をしたことに対して、いくら教授でも、妙なことは出来ないよ、医者である限り、どんな場合でも、患者の命を守ることに、及ぶ限りの力を尽すのが当然のことじゃないか」と里見から詰め寄られ、財前は引き受ける。試験切開してみると、里見の診断通り、膵臓癌だった。

だが、その経緯を知ったら鵜飼教授が気分を害すると心配した財前がうまく工作したのだが、里見はなぜ隠す必要があるのだと納得しない。そこで、財前は、

「君は幾つになったら大人になるのだ（後略）」

「（前略）大学の医学部内ではたとえ、教授の診断が間違っていても、それに批判を加えたり、訂正することは禁句《タブー》にされているじゃないか、たまたま、教授より助教授の方が優《すぐ》れていることが、公《おおやけ》に知られることすら、ここではいけないのだ、それを今、僕と君とで正面切って、鵜飼教授の診断に訂正を加えるような形を取ってみろ、二人とも地方へ弾《はじ》き出されてしまうじゃないか、正しい判断より、教授の権力の方が強大だとい

うのが、大学の医学部の現実だよ、その現実に或《あ》る程度、妥協しないと、お互いに教授にはなれない」

と諭そうとする。それに対して、里見も、

「君は、せっかく優れた実力を持ちながら、学問以外のことに興味を持ち過ぎるよ」

と逆に諭そうとする。ここに、二人の価値観の違いが鮮明にあらわれている。

財前の人格に不信感を抱くようになった東教授は、後任として別の大学の助教授を推し、投票は接戦となったが、又一の工作が功を奏して鵜飼医学部長を味方につけた財前は、ついに教授の座を手に入れる。

だが、財前が外遊の直前に手術をした患者が、外遊中に死亡し、患者の妻から訴訟を起こされる。

患者の胸部エックス線写真を見て、「念のために胸部の断層撮影をしておく必要がございませんでしょうか」と遠慮がちに言う肺癌専門の受持医柳原の言葉に気分を害した財前は、「これ以上、念を入れる必要などない」と一蹴し、きつい言葉を浴びせる。その経緯を患者から聞いた里見は、そのエックス線写真を見て、胸部の陰影が気になり、癌の転移の可能性があるとして、財前に断層撮影をするように迫る。

その必要はない、自分の診断に間違いないという財前も、里見が食い下がるため、受け入れる。だが、手術前日になってもやっていないと患者から聞いた里見は、受持医の柳原に確認に行くと、撮ってないという。なぜ撮っていないのかという里見に対して、柳原は、

「どうしてとおっしゃいましても、教授が一旦《いったん》、撮る必要がないと云われましたら、われわれ医局員はその通りにするしか仕方がありません」

と答える。それに対して、里見が、

「しかし、肺癌専攻の君が、現に君自身の眼で断層撮影が必要だと認めたじゃありませんか、自分の受け持っている患者のために、なぜ、もっと積極的に云わないのです、何よりも受持医が熱心にそれを頼み、何度も繰り返せば、財前君だって――」

と言いかけると、柳原は、遮るように、

「先生、大学内でそうした理屈が通らないことは、先生ご自身がよくご存じのことではありませんか。(中略)われわれ医局員にとっては教授は絶対です(後略)」

と苦しい胸の内を訴える。

そこで、里見は自ら再度財前に断層撮影をするように迫る。仕方なく翌日の手術前にやると言った財前だが、結局やらずに手術を行い、外遊に出た。そして、その患者は死亡した。

裁判では、柳原の証言が鍵を握ることになった。手術前に断層撮影で揉めたときも、財前から、

「僕のやり方に不満があるなら、はっきり云ってもいいんだよ、君の配置転換を考えるぐらい何でもないんだからね」

と脅されたことがあり、裁判を前にした今も、暗に偽証をするように迫られ、

「(前略)この裁判が無事に終れば、君の将来については僕なりの考えを持っているよ、君はたしか、最近になって、やっと有給助手になれたんだな、それじゃあ、親の援助でもない限り苦しいことだろう、僕にも覚えがあるよ、しかし、それも君の考え次第でどうにでもなることで、明後日の出廷は、いわば君の将来にも繋がっているということだよ、解るね、この意味が――」

と念を押された柳原は、結局裁判で偽証する。

　里見も証言することになっているが、やはり大学側から圧力がかかる。鵜飼医学部長から呼び出された里見は、

「まあ、君には、君なりの考えがあるだろうけれど、（中略）伝統ある浪速大学の名誉と権威という大局からみても、この裁判は財前教授に、是非とも勝って貰いたいというのが、教授会の偽らざる意向なんだから、君もこの点を含んで、明後日の証言に臨んで貰いたいんだよ」

と、暗に偽証するように促される。

「（前略）それを含んだ証言と申しますのは、どういう意味でしょうか」

と抵抗を示す里見は、

「先程来のお話から推察致しますと、事実はともかく、財前教授に不利な証言をするべきでないと、おっしゃっているように思われますが、私は、あの患者について医者として知っていることを、ありのままに述べるより他《ほか》はありません」

と突っぱねる。いくら忠告しても言うことを聞かない里見に対して、鵜飼は、

「よし、解った、君の考えはこれでよく解ったよ、君の思い通りにやって結構だ、ただ一言云い添えておきたいのは、君の証言で、万一、浪速大学の名誉を損うようなことがあれば、君が大学におりたくとも、おりにくくなる場合があるかもしれないということを、付け加えておく」

と最後通牒《つうちょう》を突きつける。自分を取り囲む不条理に強い憤りを感じる里見だが、さすがに自分の将来を失ってしまうことになるかもしれないといった不安に脅かされるが、やはり真実を証言することに決め、その思いを同じ医者の兄に告げる。

「兄さん、僕だって正直なところ、冷飯を食わないですむものなら、すましたいのです、しかし、今度のことはどうしても許せない、一人の医者の心の傲《おご》りから、死に至らずともすんだかもしれない患者の命が断たれたそのことだけでも許し難いのに、それを大学の名誉と権威を守るためという美名のもとに、真実を掩《おお》い隠そうとしている、僕はやはり、万一、自分の将来に不幸なことが起り得るとしても、勇気をもって事実を述べることにします」

だが、柳原があくまでも事実を覆い隠す証言を貫いたことで、患者の妻の訴えは棄却され、原告の敗訴となる。鵜飼医学部長から研究設備もない地方大学への転出を告げられる。覚悟してはいたものの、いざ研究室を去ることが現実になると、心の中で何かが崩れた。それを作者山崎は、つぎのように描写する。

「一体、何をしたというのだろうか、初診した患者の死の経緯について正しい証言をした者が大学を追われ、事実、患者の診療に誤りを犯した者が、大学の名誉と権威を守るという美名のもとに、大学のあらゆる力を結集してその誤診を否定し、法律的責任を逃れて大学に留まる、何という不条理であろうか、しかし、これが現代の白い巨塔なんだ、外見は学究的で進歩的に見えながら、その厚い強固な壁の内側は、封建的な人間関係と特殊な組織によって築かれ、里見一人が、どう真実を訴えようと、微動だにしない非情な世界が生きている――。里見の眼に激しい怒りとも、絶望ともつかぬ光が波だった。」

結局、里見は、地方大学への転出を辞退するとともに、退職届を提出し、浪速大学を去っていく。

里見のように振る舞える人間がどれだけいるか

さて、こうしてみると、ここで描かれている大学医学部という組織と前節までにみてきた体育会系の組織の権力構造が酷似していることに気づくだろう。何もスポーツ界に限らず、あらゆる世界に体育会系の組織構造がみられるのではないのか。

私は、いくつもの大学で教員として仕事をしてきたが、どの組織でも多かれ少なかれ「白い巨塔」に描かれているような権力の構図がみられたものである。

組織のトップと繋がっている教授が傍若無人に振る舞い、良識ある教員がものを言えない組織もあった。組織のトップがワンマン経営をしており、ちょっとでも批判的意見を言おうものなら閑職に追いやられるため、教員はだれもが戦々恐々としている組織もあった。上層部が教授会にやってくると、いつもは勢いよく発言する教員たちもみんなうつむいて黙りこくり、まったく意見が出ずに言いなりになっている組織もあった。学内でおかしなことが起こっているのに、みんな見て見ぬふりをしており、もうすぐ定年を迎える老教授さえもが名誉教授承認を意識して、「私もサラリーマンですから、上の意向に従うだけです」と保身に走る組織もあった。

逆に、「白い巨塔」に描かれたような権力の構図が見られない大学組織を経験したことがない。それほどに体育会系の組織構造は、日本の社会に深く浸透しているのではないだろうか。これについては、第5章で具体的に論じていくことにしたい。

この「白い巨塔」のドラマの視聴率だが、財前五郎を田宮二郎が演じた1978年の最高視聴率が31・4％、唐沢寿明が演じた2003年版の最高視聴率が関東32・1％、関西39・9％、岡田准一が演じた2019年版の最高視聴率が15・2％というように、好成績を収めているのも、多くの人にとってこうした世界が身近にあり、日頃から理不尽さを痛感しているからだろう。

なお、作者の山崎によれば、この小説の判決について、多くの読者から、小説といえども、社会的反響を考慮して、作者はもっと社会的責任をもった結末にすべきだったとの声が寄せられ、作家の社会的責任と小説的生命のあり方について、深く考えさせられたという。その結果、続編を書くことになった。ここではその内容には触れなかったが、その続編が『白い巨塔』（新潮文庫）の4～5巻である。

現実に自分が「白い巨塔」のような構図の中に身を置いたとき、里見のように振る舞える人間がどれだけいるだろうか。良心の呵責に苛まれながらも、自分の、あるいは家族の生活を考えて、柳原のように保身に走る人間が圧倒的に多いのではないだろうか。ある大学にいたとき、私が会議で経営陣の意見に反論を述べたのに対して、会議終了後に、「陰ながら応援しています。先生が学者としての最後の砦です」と言いに来た教員もいたが、会議では圧倒的多数派に従っており、陰ながら応援するとはこういうことかと思ったこともある。

やはり、実生活において組織の理不尽に屈しなければならない人たちにとって、大いに共感できる内容だったのだろうが、小説やドラマの世界でさえもそうした理不尽が大手を振ってまかり通ってしまうのでは、どうにもやるせない気持ちになり、少しは救いがほしいといった思いに駆られるのではないか。

第三章　体育会系のイメージと実態

体育会系学生の気持ちよさ

私は、これまでに20くらいの大学で学生たちの教育やカウンセリングに携わってきた。そのなかにはスポーツの強い大学もあれば、とくに強いわけではない大学もあった。だが、強い大学でも弱い大学でも感じたのは、対面で話すときの体育会系学生の態度の気持ちのよさだった。

授業中の態度がいいというわけではない。授業中は、教室の後の方でダラッとした姿勢で睡魔と闘っていたりすることが多い。私は以前から、毎時間授業の最後に、「今日の気づき」のような内容をB５用紙1枚に書かせて提出させている。

多くの学生は、教卓の上にその紙を無言で置いていく。会釈する学生は多いが、質問のある学生以外は無言でただ紙を置いていく。

だが、体育会系の学生たちは、「ありがとうございました」「お疲れさまでした」などと礼儀正しい言葉をかけてくる。その割には、紙に書いてある内容は、10～20行くらい書く学生が多いのに対して、たった1行、「勉強になりました。今日もありがとうございます」だけだったりする。何が勉強になったのか、どんな気づきがあったのかには一切触れられていない。本人もよくわからないのだろう。何しろダラッとして睡魔とひたすら闘っていたわけだから。そんなときでも、最後の礼儀正しいあいさつはけっして欠かさない。

そのため、体育会系の学生は気持ちがいいという教員の声をしばしば耳にしてきた。私も、その礼儀正しさや素直さを気持ちよく思うのは事実である。だが、いくら気持ちよく振る舞ってもらっても、授業が彼らにとってのよい刺激にならないことには、教師としての役割を果たしているとは言えない。

表面上の素直さだけでなく、もっと内面まで素直になって勉強に取り組んでほしいと思うのだが、そういう習慣が身についていないため、なかなかうまくいかない。返事はよいのだが、実質が伴わない。

元々地頭の良い学生は、ちょっとしたきっかけで大きく変わるのだが、それは非常に稀なケースだ。多くの場合、スポーツに対する熱意はあっても勉強にはまったく身が入らない。体育会系の学生は、ある面では非常にモチベーションが高いはずなのだが、それが特定の領域に閉ざされており、勉強に対するモチベーションにならない。何とか両立してほしいという思いによるアプローチは、たいてい徒労に終わる。

ただし、スポーツと勉強をうまく両立している学生は、態度が気持ちいいだけでなく、とても頼もしく感じる。

体育会系学生の肯定的なイメージ

高校で部活に励み、大学でも体育会系で本格的にスポーツに取り組んできた卒業生たちに、体育会系学生のイメージについて、自らの経験を振り返りつつ語ってもらった。その内容を肯定的イメージと否定的イメージに分けて整理してみよう。

①礼儀正しい

肯定的イメージとして全員が口を揃えて指摘するのが、前項でも触れた礼儀正しさだった。マナーがよい、目上の人を立てる、人に対する気配りができる、などといった声が上がり、だれもが賛同し、それぞれに具体例をあげた。

マナーの悪い学生が多く、大学によってはマナーの授業まで受講させる時代になっており、それが好きなスポーツをすることを通して自然に身につくというのは大きなメリットとも言える。

このような礼儀正しさや気配りは、社会に出てからとても役に立つということで意見は一致した。体育会系でマナーが磨かれたおかげで、職場でも取引先でも人間関係が良好で、仕事生活が順調にいっているという者もいた。マナーが身についていない若者が多いため、体育会系の出身者は貴重な戦力になっているという声もあった。

実際に私も、ゼミ生のマナーの悪さに唖然とした経験がある。マナーなど大学の授業でやる内容ではないと常々反対してきた私だが、家庭教育がまったく機能していないのを実感し、マナーの授業が必要とされるわけだと納得した。

たとえば、実習先でお世話になったにもかかわらず、お礼を言わない。最終日に一緒に実習先の施設に出かけた際も、３人の学生にお礼を言うように伝えてあったのに、施設長と向き合ってあいさつする際にお礼を言わない。そこで、隣の学生に「お礼を言いなさい」と言うと、伝言ゲームのように隣の学生に言うだけでモジモジしている。仕方なく私がお礼を言うと、学生たちもそれに合わせてお辞儀をした。まさかこんなことまで事前に逐一訓練しないといけないとは思わなかった。

ある教員は、年々学生のマナーが悪くなっているのを常々嘆いているが、最近では教育実習校から実習生が来ないという連絡を受け、慌てて実習に行っているはずの学生と連絡を取り、なぜ行ってないのか、高校側の先生が困っているじゃないかと詰問すると、やっぱり教員になるのはやめて一般企業に就職することにしたから実習に行くのはやめたのだと言い、まったく悪びれる様子もないのに呆れたという。高校では実習担当の先生が実習生を指導したり授業を任せたりする準備をして待っており、生徒たちも実習生が来るのを待っているのに、無断で欠席したら相手側が困るだろうということに想像力が働かないのである。結局、高校側に教員が謝罪に行き、後日学生を呼び出し、無断欠席すると相手方がいかに困るかを説明したとのことだった。

もちろんすべての学生がそうだというのではない。家庭でしつけられている学生もいれば、中学や高校の部活でしつけられている学生もいる。アルバイト先でマナーを学んだ学生もいる。

　だが、そうしたマナーの学びの場として、体育会系の部活が担っている役割は大きいと言わざるを得ない。何しろそうしたマナーを授業で教え、単位を与えている大学もあるくらいなのである。大学の授業に匹敵する学びが部活の中で行われているとしたら、それは素晴らしいことであるに違いない。

②仲間を大切にする

　多くの者があげる体育会系の特徴として、礼儀正しいということのほかに、情に厚い、涙もろい、仲間を大切にする、といったものがある。仲間意識が強いため、情のつながりがあり、相手のためを考える温かな心の交流があるということだろう。

　厳しい練習で鍛えられ、辛い思いをすることもあれば、厳しい監督・コーチに反発する気持ちが高まることもあるため、部員の仲間意識が強まるということがある。

　心理学では、外敵を設定することで集団がまとまるという心理効果が知られている。

中国や韓国が政府に対する国民の不満が高まらないように反日教育を利用しているとさ

れるのも、ライバル社を意識させることで社員一丸となって頑張るように仕向けようとするのも、外敵を設定することで集団をまとめようとしているわけである。鬼監督とか鬼コーチがいることで選手同士のまとまりができるのも、同様の心理効果によるものと言える。

体育会系の学生では、一般学生よりも同窓意識が強いのも、厳しい状況をともに経験してきたということが影響しているのであろう。

さらには、日本のスポーツではチームプレーが大切とされる。たとえば、サッカーでも、個人の技に頼る傾向の強い南米などのチームに対して、日本はチームプレーで相手にプレッシャーをかけていく。そのようにチームプレーに徹することによっても、仲間意識は強まっていく。

これに関しては、個人競技と集団競技では事情は全然違うといった声もあった。個人競技の場合は、「自分が、自分が」といった意識が強い選手が多く、仲間意識が強いとは必ずしも言えないのだという。

だが、個人競技の場合でも、厳しい練習にともに耐えたり、合宿などで一緒に汗を流したりする経験を重ねることで、仲間意識が強まるということはあるだろう。

③自己抑制力が身につく

マナーの良さとも関連するが、自己抑制力が身につくという声もあがった。

体育会系の組織では、上下関係が非常に厳しく、目上の人を尊重し、その指示には絶対服従しなければならない。そのために自分の欲求や感情を抑制する力が磨かれるということがある。

監督やコーチ、先輩やOB・OGに対しては礼を尽くさねばならず、その命令にはどんなに無理をしても従わなければならない。ときに理不尽な叱責を受けたりすることもあり、納得のいかない思いに駆られることがあっても、そこは我慢せざるを得ない。

そうした経験を重ねることによって、自己抑制力が鍛えられ、自己コントロール力が身につく。

自己中心的な人物が増え、何かにつけて自分勝手な要求をしたり、思い通りにならないとすぐに怒り出したりクレームをつけたりする人物が目立つ今日、自己抑制ができるのは貴重なことと言える。

最近の若者は、忍耐力の欠如が著しく、厳しい状況に追い込まれると、「もう無理」と言って、すぐに諦めて投げ出す人物が目立つが、自己抑制力があれば、なかなか思い通りにならないときの苛立ちや投げ出してしまいたい気持ちをうまくコントロールし、粘り続けることができる。そうした点でも、体育会系の活動によって自己抑制力が身につくのは大きなメリットと言える。

集団行動が苦手な人物も多い時代となっているが、自己抑制力は集団行動が取れることにもつながる。上下関係の厳しい体育会系で鍛えられることで、自分を抑えてみんなに合わせることが苦でなくなり、協調性を発揮したり集団行動を無理なく取れるようになる。これも大きなメリットと言える。

体育会系学生の否定的なイメージ

①勢いだけで動く

否定的イメージとして、筆頭にあげられたのが、勢いだけで動くということである。気合いで勝負といった感じで勢いで行動する、気持ちを見せることが大事という感じで何の見通しもなくただがむしゃらに動こうとする、よく考えないで行動する、などといった声が聞かれた。

体育会系の練習の場や試合において、「気合いを入れていけ！」「気持ちを見せろ！」といった言葉をよく耳にする。気合いを入れることで集中力が高まり、勢いに乗ることで実力以上の力が出ることがあるのは事実だが、ときにそうした姿勢が軽率さにつながることがある。冷静な状況分析や現実的な見通しなしに勢いだけで押し通そうとするところが短所とみなされるのだろう。

②融通が利かない

つぎに多くの人があげたのが、頭が硬い、融通が利かない、理屈が通じない、というような特徴である。

規則や慣例を重視するという性質は、着実さや安全を第一にするわけだから、リスクを避けることにもつながる。

だが、規則や慣例をあまりに絶対視し、例外を一切認めないというところまでいくと、その柔軟性のなさは、現実的な対応ができず、杓子定規な判断しかできないことにつながってしまう。

現実の出来事や状況にはさまざまな要因が絡むため、ときには規則を逸脱した対処が必要になることもある。変化の激しい時代になり、前例のない判断を下さざるを得ないことも出てくる。そんなとき、体育会系にありがちな融通の利かなさ、柔軟性のなさが障害になることがある。

③自分の頭で考えない

自分の頭で考えないという指摘も多くあがった。

体育会系には、上には絶対服従といった暗黙の了解が根強くみられる。それが礼儀正しさや集団行動が取れることにもつながっており、上からすれば非常に気持ちのよい態度とも言える。

ただし、上に絶対的に従うということは、判断はすべて目上の人間に任せるわけだから、自分の頭でじっくり考えて判断するという習慣が身につかない。そこには、自分で決められないというもどかしさもあるが、他人任せの気楽さもある。

いずれにしても自分でものごとをじっくり考える習慣の欠如は、体育会系にありがちな短所とみなすべきだろう。

④単純な認知構造

単純、単細胞、短絡的などといった指摘もあったが、それは単純な認知構造を指すものと言える。心理学用語で言うと、認知的複雑性が低いのだ。

説得的コミュニケーションの心理学においては、たとえば商品を売り込む際に、認知的複雑性の低い相手には長所のみを説明する一面提示が有効だが、認知的複雑性の高い相手には長所ばかりでなく短所も説明した上で、総合的観点から薦めるのが有効だとされる。

認知的複雑性の低い相手に長所だけでなく短所も説明すると、「それじゃ、良いのか悪いのか、わからないじゃないか」といった感じになり、苛立たせてしまう。一方で、認知的複雑性の高い相手に長所ばかり説明すると、「そんな都合の良い話があるだろうか」と疑われてしまう。

体育会系の特徴として、こうした認知的複雑性が低いということが指摘されるが、私自身もそう感じた経験がある。指示に対してちょっと疑問に思うことがあったため質問すると、「お前は逆らうのか！」と詰め寄られた。大部分を受け入れた上でちょっと疑問を口にするだけで「逆らう」とみなされる。しばしば意見を口にする人物に対して、「あいつはダメだな」と言うのを耳にしたこともある。

このように認知的複雑性が低いと、「敵か味方か」「良いヤツか嫌なヤツか」と単純に白黒つけたがる傾向がみられる。そこが単細胞とみなされるのだろう。

体育会系スポーツ経験者のもつ心理的特徴

では、体育会系のスポーツ競技者は、実際にどのような心理的特徴をもっているのだろうか。心理学的および社会学的な研究データに基づいてみていくことにしたい。

体育会系男子学生のパーソナリティを一般男子学生と比較検討する研究を行った佐藤寛は、体育会系男子学生の方が外向的、活動的であり、意志が強く、利他的に行動しやすい傾向があり、また伝統を重んじ、権威主義的傾向があり、情緒的に安定していることを報告している。

情緒的安定性については、この研究の他にも、大学の部活動における競技者の方が非競技者よりも活動的で神経症的傾向が乏しいとの報告や、一般学生より競技者の方が活動的で、内向性が乏しく、劣等感が乏しいといった報告がみられるが、たえず活動に従事し、内面を振り返る機会が少ないことが、情緒的安定性をもたらすとも言えるだろう。内面を振り返れば、だれでも自信のなさや不安が意識され、情緒が揺れ動くものである。その意味では、体育会競技者のもつ活動性が外向性や情緒安定性に強く結びついていると言ってよいだろう。

大学生の自己アイデンティティの面から体育会系アイデンティティをもつ者の特徴を検討している片岡栄美は、大学生を対象とした質問紙調査の結果をもとに、体育会系はコミュニケーション能力とスポーツ・身体能力で自分を表現しているとする。

片岡によれば、体育会系のアイデンティティをもつ者を最も特徴づける変数は「少人数の友人より、多方面の友人といろいろ交流する」という項目であり、友人関係の多方向性として特徴づけられるという。この項目を肯定する比率は、非体育会系の男子学生で16・8％にすぎないのに、体育会系男子では53・3％と3倍以上の比率になっている。

体育会系のアイデンティティをもつ者を特徴づける2番目の要因は、リーダーシップであり、体育会系男子はリーダーシップの高さに関する項目を肯定する比率が高かった。

その他にも、「権威がある人々にはつねに敬意を払わなければならない」という項目の肯定率が、非体育会系男子では24・7％であるのに対して、体育会系男子では42・7％と有意に高くなっていた。

競争主義的価値観に関しても、「他人との競争に勝つことは重要だと思う」という項目を肯定する比率をみると、男女とも体育会系アイデンティティを示す者ほど高くなっていた（体育会系男子78・8％＞体育会系女子62・2％＞非体育会系男子56・8％＞非体育会系女子44・9％）。

上昇志向についても男女とも体育会系に強くみられ、男女とも体育会系が非体育会系を上回っていた。とくに体育会系男子では70・7%が上昇志向であり、非体育会系男子の44・2%を大きく上回った。

片岡は、さまざまな項目に対する反応を総合して、体育会系アイデンティティを示す学生の特徴は、社交性とコミュニケーション能力の高さ、保守的・非民主主義的価値の肯定率の高さ、リーダー性、競争主義的価値観、権威主義的価値への親和性が、他のタイプの学生よりも強くあらわれたことであるとしている。

体育会系学生にみられる心理的特徴に関しては、このほかに忍耐力の高さ、闘争心の高さ、協調性の高さなどが指摘されているが、個人競技と集団競技では求められるものが異なるため、それぞれに従事する学生の心理的特徴にも違いがみられるとの指摘もある。たとえば、個人的スポーツの選手は孤独に耐え、克己心に富むため、意志が強く、責任感も強いが、協調性が乏しく、集団的スポーツの選手は集団の和を重んじるため協調性があるが、意思が弱く、無責任な傾向がみられるとの指摘もある。

杉山卓也は、大学運動部のアスリートの心理的特性に関する調査研究において、協調性の高さと責任感の弱さを見出している。そして、スポーツの形態別にみると、協調性で有意な差がみられ、個人スポーツの選手よりチームスポーツの選手のほうが協調性が高くなっていた。責任感に関しては、スポーツの形態による差はみられなかった。

第2章でみてきたさまざまな体育会系組織の不祥事の構図を思い起こすと、上意下達、上には絶対服従といった権威構造の中では、すべてが上にお任せとなるため、個人の責任感は希薄になりがちである。ゆえに、スポーツの形態にかかわらず、個人の責任感が希薄であるという特徴がみられるのではないだろうか。

これまでに行われた多くの調査研究の結果より得られた体育会系スポーツ経験者のもつ心理的特徴は、以下のように整理することができる。

①コミュニケーション能力が高い、社交性が高い、礼儀正しい、人当たりがよい
②協調性が高い
③活動性が高い、行動力がある
④達成動機が強い、頑張り屋
⑤チャレンジ精神がある、闘争心が強い

⑥意志が強い、継続力がある、忍耐力がある
⑦ストレス耐性が高い
⑧集中力がある
⑨異質な他者への排他性が強い
⑩情緒的安定性が高い、経験への開放性が低い、自分の内面を振り返らない
⑪権威主義的傾向が強い、権威に従順、権力志向が強い
⑫現在の体制を疑わない、社会の矛盾に気づきにくい

このような心理的特徴の多くは、好ましい性質であり、社会適応あるいは組織適応に有利と言える。

体育会系が企業から好まれる理由

体育会系の学生は企業から好まれるということがよく言われるが、ほんとうにそうなのだろうか。もしそうだとすれば、体育会系のどんなところが企業から好まれるのだろ

うか。

体育会系に所属していた新規大卒者を採用した実績のある企業の人事・採用・教育担当者に聴き取り調査を行った葛西和恵は、調査対象者が口にすることが最も多かったフレーズとして「人当たりの良さ」をあげている。つぎに多かったのが「達成意欲・貫徹力」であり、そのつぎに多かったのが「行動力・実行力」となっている。

これまでにみてきたように、体育会系の学生の特徴として、社交性や協調性の高さがあり、また規律が厳しいことによる礼儀正しさもあるため、企業の人事担当者が「人当たりの良さ」を特徴としてあげることが多いのは、うなずける結果と言える。

また、競技面の実力向上を達成するのが体育会系の目標とも言えるため、「達成意欲・貫徹力」や「行動力・実行力」があるといったイメージを企業の人事担当者がもつのももっともなことである。

では、企業の人事担当者からこのようなイメージを持たれている体育会系の新規大卒者は、実際に就職で有利なのだろうか。

体育会系の学生の場合、タテのつながりが強く、ＯＢのネットワークが就職の際に有利に働くと考えられる。だが、その要因を除外しても体育会系の学生が業界トップ企業からの内定獲得に有利であるといった調査結果も得られている。

たとえば、梅崎修は、スポーツ系のクラブやサークルの学生は、文化系のクラブ・サークルの学生やクラブ・サークルに所属していない学生よりも、志望順位の高い企業に就職できていること、そしてそれはOBネットワークを活かしたものではないという結果を得ている。

経済同友会が2016年に実施した「企業の採用と教育に関するアンケート調査」によれば、新卒者に対して企業が重視する経験として、「サークルや体育会等の活動」が47・9%と断トツの1位であり、2位の「海外経験」(8・5%)や3位の「アルバイト経験」(6・9%)を圧倒的に引き離している。これは必ずしも体育会系を重視している証拠とは言えないものの、集団活動にどっぷり浸かる経験を重視していることがわかる。

また、経団連が2018年に実施した「新卒採用に関するアンケート調査」では、選考にあたってとくに重視した点を尋ねている。その結果、「コミュニケーション能力」

が16年連続で1位となっており、82・4%の企業がこれをとくに重視している。その他、「主体性」が10年連続2位となっており、64・3%の企業がこれをとくに重視している。3位は「チャレンジ精神」で、48・9%の企業がこれをとくに重視している。

コミュニケーション能力をとくに重視するという企業が8割を超えるが、体育会系の学生の特徴として社交性やコミュニケーション力の高さがとくに目立つことを考えると、体育会系の就職に有利というのは事実と言ってよさそうである。

就職後についても、体育会系の出身者が優位に立っているとする調査データもある。たとえば、松繁寿和は、大学時代の経験と就職後の経済的地位の関係を検討した結果、大学時代に体育会系の主事や会計などの責任ある役職に就いていたことが就職後の昇進と関係していることを見出している。

戸田淳仁《あきひと》たちは、中学時代に運動系クラブ、生徒会に所属したことのある者の賃金が高まる効果がみられることを報告し、就業以降の人生においては、学歴にも重要な効果をもつ認知能力や勤勉性の他に外向性が重要であり、さらに協調性やリーダーシップを養うとみられる部活動の経験が労働市場での成功に関係しているとしている。

その他にも、体育会系出身者が就職や昇進に有利な理由として、協調性、コミュニケーション能力、忍耐力、粘り強さなどが身についていることをあげる研究者が多い。ただし、金森史枝と蛭田《ひるた》秀一は、大学時代に体育会系運動部、体育系サークル、文化部、文化系サークルに在籍していた社会人を対象に、現在自分自身が身につけていると思う能力について調査を行った結果、体育会系運動部に所属しており勉強と両立させていた者が、人間関係能力、コミュニケーション能力、体力、忍耐力などがとくに高いことを見出している。

これに関しては、体育会系運動部では、練習する際の努力、部内の人間関係の構築、試合に負けたときの悔しさやケガや不調の克服といった諸課題を乗り越える経験によって、社会人として活躍するためのさまざまな能力が培われるが、勉強と両立させようと努力することにより職業上のキャリア形成に必要な力を獲得することができていると解釈されている。

ネオ体育会系への動き

このように体育会系は今でも企業から望まれる人材であるようだ。

だが、これまでは体育会系は企業から好まれてきたが、それは従来の企業では上の言いなりに動く人間が便利で必要とされてきたからであって、これからはそういう人材は必要ないといった見方もある。

実際、つい最近大手企業の上層部の人から、今年から採用方針を180度変えたという話を聞いた。これまでは素直で優等生的な人材を求めてきたが、今年は思い切って個性的な人材を大量に採用したというのである。

では、単に上の言いなりに動く人材は必要ないということになると、体育会系は必要とされなくなるのだろうか。私はそうではないように思う。

上の言いなりになるというと何だか好ましくない人材のような印象になるが、それは体育会系の礼儀正しさや目上の人を尊重する、気配り上手といった特徴の悪い面があらわれた場合を指すものである。それが良い方向で機能すれば、組織人としてきちんと機能する人材、取引先とも良好な関係を結ぶことができる人材ということになる。

近頃は、自己主張ばかりするが、その割にはやるべきことをきちんとこなせない無責任な人物に手を焼く企業も少なくない。気分で動くため、組織人としての安定感の欠ける人物に振り回されることもある。

そんな状況下では、組織として成果を上げるべくきちんと課題をこなしてきた体育会系の人材への期待は依然として大きいのではないだろうか。

そこで注目すべきは、前項で紹介した勉強との両立ができている体育会系こそが、人間関係能力、コミュニケーション能力、体力、忍耐力などがとくに高いという知見である。

体育会系運動部では、練習する際の努力ばかりでなく、部内の人間関係の構築、試合に負けたときの悔しさやケガや不調の克服といったさまざまな課題や試練を乗り越える経験によって、社会人として活躍するためのさまざまな能力が培われるが、さらに勉強と両立させようと努力することによって、職業上のキャリア形成に必要な力をより一層獲得することができているというわけである。

かつての採用では、学生時代の成績などはほとんどあるいはまったく考慮されなかったが、まったく頭が使えないのは困るということで、最近では成績を考慮する企業も増えてきているという。

そのため、運動部に入りながらも学業も疎《おろそ》かにしない学生も出てきて、彼らは従来の体育会系と区別してネオ体育会系と呼ばれたりする。

頭もそこそこ鍛えつつ、組織行動を学び、目標に向けて全力で頑張る力も身につけているという点においては、勉強との両立ができている体育会系は企業にとってほしい人材と言えるのではないだろうか。

第四章　なぜ体育会系組織は病んでしまうのか？

上意下達が思考停止を招く

前章では体育会系のイメージと実態についてみてきたが、企業からも好まれていることからしても、体育会系にみられる心理的特徴には好ましいものが多いように思われる。だが、第2章でみてきたように、体育会系組織の不祥事が表面化する事例が後を絶たない。

そこで、体育会系の心理的特徴のどこがどのように組織の病理につながりやすいのかを検討していくことにしたい。

体育会系の組織は、一般に上意下達、上には絶対服従の世界である。それが礼儀正しさをもたらしているわけだが、何でも上の判断に任せる姿勢が思考停止を招くことになりやすい。

私が体育会系の世界を生きるある人物に、「あの人（その人の上司に相当する人物）の言うことに逆らったら、どんな感じになるんですか？」と尋ねたところ、「怖ろしすぎて考えたくありません」と言われた。逆らうことなど許されない、あり得ない、指示されたことはすべてそのまま受け入れるしかない、ということなのだろう。

上の判断に任せるしかないため、いちいち自分で考えてもしようがない。自分で考えれば、何か言いたくなる。だが、それは許されない。上の意向を受け入れるしかない。そうした状況に適応するには、自分の頭で考えるのをやめるしかない。そうでないとイライラしてしまう。

第2章でみてきた諸事例のように、体育会系的な組織において、ちょっと考えればだれでもおかしいと思うようなことがまかり通っているのも、ほぼ全員が思考停止に陥っているからと言える。

気配りが忖度の行きすぎを招く

企業の人事担当者が体育会系に所属していた新卒者の特徴として、最もよく口にするのが「人当たりの良さ」だというが、それは上下関係が厳しい体育会系組織の中では気配りができないと生きていけないため、気配り力が磨かれるからだろう。

その気配りが、ときに行き過ぎてしまう。忖度《そんたく》の行きすぎが招く不祥事は、とくに悪意によるものではなく、こうした心理的特徴によるところが大きいのではないだろうか。

官僚の官邸に対する「忖度」があったかどうかといった政治家絡みの問題が、ここ数年国会でしばしば議論され、メディアを賑わしていることから、「忖度」という言葉は非常に身近なものになっているとともに、何か悪いことであるかのような印象がもたれているように思われる。

ただし、「忖度」という言葉は、元々はそんな悪い意味をもつものではない。

『広辞苑』（第六版　岩波書店、2008年）で「忖度」を調べると、つぎのように解説されている。


（「付」も「度」も、はかる意）他人の心中をおしはかること。推察。

「相手の気持を忖度する」


また、『日本語源広辞典』（［増補版］　増井金典著　ミネルヴァ書房）では、「忖度」

の語源について、つぎのように解説されている。

中国語で「忖（思いはかること）＋度（はかる）」が語源です。他人の心の中に思っていることをあれこれと推し量ること。

例：病床の先生の心を忖度するしか方法がない。

このような辞書的定義をみればわかるように、じつは「忖度」そのものは、けっして悪いことではない。相手の気持ちや立場を配慮することは、日本社会においては、むしろ望ましい姿勢と言える。

相手の気持ちや立場を配慮せず、自分の気持ちや立場のみを基準にして行動するとしたら、それは非常に自分勝手なことになるだろう。

欧米社会において争いごとが多く、何でもすぐに訴訟問題になったりするのも、「忖度」というものが機能せず、だれもが自分基準に行動し、自分勝手な自己主張をするからに他ならない。

その意味では、「忖度」を大事にする日本的コミュニケーションこそが、争いごとが少なく、平和で治安の良い社会をもたらしていると言ってもよいだろう。

自分勝手な主張は見苦しいということで相手が遠慮してあえて要求しないこと、こっちに負担をかけては申し訳ないという思いから相手が口にしない思いを「忖度」し、その要求や思いを汲み取ってあげるのは、温かい心の交流にとって大切なことである。

問題なのは、ニュースで流される不正疑惑のように、「忖度」により判断が歪み、不適切な行動が取られることだ。

体育会系の世界にどっぷり浸かって過ごしていると、監督やコーチ、先輩などの意向を忖度して行動することが常習化し、忖度は当たり前の世界に感覚が麻痺してしまう。それがときに不祥事につながる。

また、そのような場合の忖度というのは、下の人間が上の意向を忖度して行動するわけであるから、何らかの問題が表面化したときも、上の人間は「そんな指示はしていない」と責任逃れすることができる。はっきり指示されなくても、ほのめかされることによって、下の人間が忖度して動く。日大アメフット部の危険タックルの問題にしても、日本ボクシング協会の不正判定の問題にしても、そこには体育会系で鍛えられる気配り力を土台にした忖度が絡んでいたとみなさざるを得ない。

権威主義がパワハラ容認につながる

意識調査からも明らかなように、体育会系の学生には権威主義的傾向が顕著にみられる。それは目上の人を尊重する態度にもつながるが、逆に上の人間のパワハラ的な言動を容認する組織風土を醸成することになる。

第2章で取り上げた体育会系組織の不祥事においては、どの事例においてもパワハラ的な要素が問題とされているが、その背景として権威主義的価値観が広く共有されているということがある。

上意下達、上には絶対服従の権威主義的世界では、自分が下の立場のときには気配り上手になるように仕込まれるが、地位が上がるにつれてパワー動機、つまり他者に対して影響力をもちたい、権力を行使したいという気持ちが高まり、下の人間に気配りを強いるようになる。

パワハラ上司とみなされる人物について、かつての知人が、「あの人は、いつも周囲の人に気配りできる人で、そんな強引なことをする人じゃなかった」などとコメントすることがある。かつての気配り名人も、地位が上がるにつれて尊大になり、ついには暴君になってしまった、というわけだ。

ただし、もともとパワー動機の強い人たちがそうなるのであって、みんながそうなるわけではない。パワー動機の強い人は、性格的には気が短く、人が思い通りに動かないとき強い欲求不満を感じてイライラする傾向がある。そのイライラが攻撃的な言動、いわばパワハラ的な言動につながりやすい。

パワー動機の強い人にとっては、下っ端のときは我慢するしかないが、やがて上の立場になったときは思う存分影響力を発揮できるので、体育会系組織は非常に心地よいはずだ。

とくにパワー動機が強い人の場合、その心地よさが癖になり、権力を振るう自分に酔いしれて、ブレーキが利かなくなり、常識の範囲を逸脱してしまうケースも生じてくる。

属人思考に染まる

組織的違反の主要な原因は、規定等の整備不良などではなく属人思考であることが、心理学的調査によって明らかになっている。コンプライアンス重視などといって規定等をいくら整備したところで、その運用面に属人思考が無意識のうちに入り込む。

属人思考とは、心理学的に言うと、「事柄」についての認知処理の比重が軽く、「人」についての認知処理の比重が重い思考のことである。

たとえば、ある方針を打ち出そうという提案があった場合、本来はその方針が妥当なものであるかどうかについて慎重に検討しなければならないのだが、「だれが責任者か」「だれの提案か」「だれの実績になるか」など、人間的な要因に大きく左右されてしまうことがある。そのような場合に働いている思考のことを属人思考という。

その結果、あってはならないことが承認されたり、理不尽な提案が可決されたり、正論が通らなかったりする。

心理学者の岡本浩一と鎌田晶子は、組織の属人思考度をチェックする項目として、つぎの5つをあげている。

①相手の体面を重んじて、会議やミーティングなどで反対意見が表明されないことがある

②会議やミーティングでは、同じ案でも、だれが提案者かによってその案の通り方が異なることがある

③トラブルが生じた場合、「原因が何か」よりも「だれの責任か」を優先する雰囲気がある

④仕事ぶりよりも好き嫌いで人を評価する傾向がある

⑤だれが頼んだかによって、仕事の優先順位が決まることが多い

人間関係が重視される日本社会では、どんな組織にも属人思考はつきものだが、体育会系の組織では、多くの項目があてはまるのではないか。少なくとも①②⑤はあてはまるはずである。

だれもがおかしい、あるいは危ないと感じる案件が全会一致で通っていたということが、不祥事が明るみに出た際にしばしば報道されるが、それはけっして特殊な会議のあ

り方というわけではない。ちょっと危うい感じがしても、提案者に疑問をぶつけたり反対意見を表明したりするのも気まずいし、ここは提案者に任せるしかない、といった気持ちで黙っていると、「とくに異議がないようですので、全会一致で承認ということにしたいと思います」という議長の声が響き、内心釈然としないまままつぎの議題に移る。これは、どの組織でもよく見かける光景だ。自由に意見を言えないような組織風土が、いつの間にかできあがってしまっているのである。

監督・コーチの指示には逆らえない、先輩の意見には反論できない、といった感じが強い体育会系組織では、とくに属人思考が蔓延し、自由にものを言えない組織風土が醸成されやすい。上の人を尊重し、立てる気持ちが仇《あだ》となってしまうのである。

事なかれ主義に陥りがち

上の人を尊重し、従順に従うという体育会系の組織風土は、事なかれ主義にもつながりやすい。

これは、属人思考とも絡むが、監督やコーチ、あるいは先輩の言うことには逆らえないということだと、上の人間がおかしなことを提案したり指示したりするようなことがあっても、だれも疑問をぶつけるということをしない。

そんなことをしたら怒鳴られるという組織もあるが、そうでなくても気まずくなるのを避けるため、言いにくいことは言わない。

そのような組織では、だれもがおかしいと思いながらも何も言えないといった経験をしばしばしているため、だれかに言わせようとするといった雰囲気もある。第2章で取り上げた事例などでも、だれかが勇気を奮い立たせて異議を申し立てると、それまでまったくそんな気配がなかったのに、不満の声をあげる人が出てきたりする。

それだけ抑圧されている、有言・無言の圧力に抑えつけられているということなのだろうが、そのような組織では、どうしても事を荒立てたくないといった心理が働き、事なかれ主義に陥りがちとなる。

私自身、そのような組織に所属していたとき、そうした雰囲気を痛感することが多かった。たとえば、会議が始まる前に、何人かの教員が「今回の会議にこんな提案が出る予定ですけど、そんなのが通ったら現場は大混乱ですよ」「何とか阻止しないと、とんでもないことになりますよ」などと深刻そうに話していたため、会議の場でその提案が出された際に、私は疑問をぶつけたことがある。それに続いてみんな意見を言うのだろうと思って周囲を見回しても、だれも何も言わない。「他の先生方はいかがでしょうか」と尋ねられても、みんなうつむいたままである。取りあえずは継続審議となったものの、次回に通過するのは目に見えている。会議の後「先生は最後の砦です。陰ながら応援していますので」と声をかけてくる教員がいた。

前にも似たようなことを言われたことがあり、結局「陰ながら応援する」というのは、「表では傍観する」「あなたがまずい立場に追い込まれたときは見捨てる」という意味なのだと悟った。

事なかれ主義に徹し、何ごとも傍観するといった態度は、組織の中でおかしなことがまかり通ることにつながるだけでなく、いじめが横行することにもつながる。

自己抑制による欲求不満が陰湿ないじめを生む

体育会系のスポーツクラブでは、上級生による陰湿ないじめがしばしば行われている。それは、上に絶対服従の世界では自己抑制を厳しく強いられることによるといった面があるのではないだろうか。

心理学では欲求不満―攻撃仮説という有名な理論がある。人は欲求不満に陥ると攻撃的になるというものだ。学校で嫌な目にあった子が、帰宅後に家族に当たったりするのも、欲求不満による攻撃性の発露と言える。日頃穏やかな人物が、取引先から理不尽に怒鳴られ書類の作り直しを命じられたとき、帰宅後自分の部屋に入るなり、カバンから出した書類の束を机の上に叩きつけたりするのも、欲求不満による攻撃性の発露と言える。

上からの要求や指示には、それがたとえ理不尽なものであっても絶対服従といった規律が支配する世界では、不満や反発心を何としても抑え込まなければならない。そうした自己抑制による欲求不満が攻撃性を生み、そのはけ口としていじめが行われるという心理メカニズムが働くのだろう。

　下級生のときに自己抑制を強いられた者が上級生になると下級生に自己抑制を強いる。上級生といえども、監督・コーチやOBに対しては相変わらず自己抑制を強いられる。そこでは欲求不満が渦巻いている。自衛隊等のいかにも体育会系な組織において陰湿ないじめがしばしば報告されるのも、そうした構図によるものと言える。

団結心の強さが仇になる

　厳しい状況をともに耐え抜くことによって団結心が強くなると考えられるが、調査データをみると、体育会系の学生には、協調性の高さと同時に、異質な他者への排他性もみられる。

　これは、集団としてのまとまりがあり、心理的一体感が強いあまり、異分子を排除する、つまり異論を許さない空気が醸成されやすいことを意味している。

　集団のまとまり、結束力のことを集団凝集性という。

心理学者フォーサイスは、集団凝集性に関するさまざまな定義を検討したうえで、魅力、一体性、チームワークの3つの特質を統合したところに集団凝集性を位置づけている。

魅力というのは、集団のもつ魅力のことだが、これはメンバー同士がお互いに感じる魅力と集団内に留まろうという思いによって決まってくる。

一体性というのは、メンバーが感じる一体感のことだが、相互作用や価値観の共有によって生じる集団としてのまとまりや居場所感によって生じるものである。

チームワークというのは、目標に向かってまとまって協働していくことだが、目標に向かっていく意欲や自分たちはやればできるという集団としての効力感によって支えられるものである。

体育会系の集団では、技量の向上や勝利といった共通の目標をもち、きつい練習に耐え、みんなで頑張っているうちに、魅力、一体性、チームワークという3つの要素が満たされ、集団凝集性が非常に高いのが一般的である。

集団凝集性が高いことは一般に良いことと考えられている。実際、まとまりがよいことによって集団としても安定するし、メンバーも友好的な雰囲気に浸ることで安心や満足が得られ、居場所感が得られるなど、多くのメリットがあるのは事実だ。

ただし、集団凝集性が高いことによる弊害も指摘されている。

たとえば、まとまりがよいために内部で固まってしまい、新たなメンバーを受け入れにくいなど、集団が閉鎖的になりがちな面もある。

また、どんな集団でも所属するメンバーの意見をひとつの方向に向かわせようとする圧力が働くものであり、それを同調圧力というが、まとまりがよいことで同調圧力が強まり、集団の決定に反対しにくい雰囲気になり、集団の規範から逸脱した行動に対して攻撃的な反応が出やすくなることもある。

さらに、集団凝集性が高いほど生産性も高いと考えられ、実証研究でも、とくにスポーツ集団では集団凝集性と生産性の相関が高いことが確認されている。スポーツ集団の場合、生産性とは試合に勝つ、あるいは好成績を残すことである。

そして、集団凝集性から生産性への影響よりも、生産性から集団凝集性への影響の方が、はるかに強いことも見出されている。

ここからいえるのは、集団凝集性の高さが勝利や好成績につながる面があることも否定できないものの、勝利や好成績をあげることが集団凝集性をより強固なものにするといった側面が非常に強いということである。

そうなると、競技で強さを誇る体育会系の組織ほど集団凝集性が高く、異論を許さない空気が醸成されやすいと言える。これは、組織がおかしな方向に向かい始め、「これはまずい」と思っても、だれも何も言えない雰囲気があり、軌道修正がしにくいという形となってあらわれる。

第2章で取り上げたような問題が強豪チームや超一流の選手を集めた団体など成果を上げている組織で起こっていることも、それを裏づけるものと言える。

第五章　体育会系に象徴される日本的組織の病巣

官僚も体育会系思考で動く

前章では、体育会系組織はなぜ病んでしまうのかについて、体育会系にみられる心理的特徴をもとに検討してきた。そのような検討をしているうちにはっきりしてきたのは、体育会系組織を腐敗させる要因は、あらゆる日本的組織に共通にみられるものだということである。

何も体育会系組織だけが特殊なのではない。というよりも、日本的組織はみんな体育会系的組織の特徴をもっているのである。

メディアを賑わす事件、たとえば学校における教員間のいじめ問題でも、大学入試における英語の民間試験の利用や国語の記述式問題の採点業務の民間委託の問題でも、役所の文書改ざんの問題でも、厚労省職員のえん罪事件でも、企業の数値等の改ざん事件でも、どれをみても前章で検討してきた体育会系組織の病理構造がそのままあてはまる。

具体的には以下の各項でみていくことにするが、そもそも国民にとって重大な決議のために慎重な議論をすべきはずの国会が、これまた体育会系のノリで動いている。それはテレビの国会中継をみればよくわかる。

頭がふつうに働く国民なら、「あの答弁はおかしいじゃないか」とだれもが思うような答弁を政治家も官僚も平気で繰り返す。

不祥事をほんとうに追及されれば責任を問われる立場にある政治家たちも、余裕のポーズで笑っている。権力者である自分に追及が及ぶとは思っていないからである。

上には絶対服従、けっして逆らうことはできないといった体育会系のノリで、官僚は政治家の責任逃れの姿勢を守るべく、矛盾に満ちた答弁を繰り返すばかりで、けっしてほんとうのことは言わない。

官僚たちは頭は良いはずなのだが、自分の頭で考えて判断することが許されない構図の中で動いている。それは、官僚の人事権が官邸に握られているからだ。政治家に不利な証言をしようものなら、どんな報復があるかわからない。

ここで、日大アメフット部で監督やコーチの指示に従って危険タックルをした学生のことを思い出す人もいるだろう。彼は、何か不満があると思われたためか、実力は日本代表に選ばれるほどなのに、実戦形式の練習でもメンバーから外され、危険タックルをして相手を潰すなら試合に出してやると言われていたという。日本ボクシング協会の不正判定を証言する審判は、会長の怒りを買うとそれ以降外されるため、そうした報復を恐れて不正判定を行ってきたという。

このような体育会系の構図と、政治家や官僚の構図には、まったく違いがみられないといってよいだろう。

政治家同士も同じである。メディアを通して伝わってくる客観的資料を踏まえて官僚や大臣の答弁を聞けば、その矛盾に容易に気づくはずだが、自分が属する政党に不利な発言は絶対にしない。不利な発言などしようものならつぎの選挙で公認してもらえない。したがって、正しいかどうかで判断するのではなく、自分たちの派閥に有利かどうかで判断する。

ゆえに、国会で圧倒的多数派を取ってしまえば、あとはやりたい放題となり、自浄作用はきかない。まさに腐敗した体育会系組織そのものである。

「上には絶対服従」の教員の世界

２０１９年の秋に発覚した神戸の須磨小学校の教員間いじめは、子どもたちを教育する側の教員の間でこのようないじめが横行していたということで、世の中に大きな衝撃を与えた。

20代の男性教員が、30代の男性教員３人、そしてリーダー格の40代の女性教員１人の計４人から常習的にいじめを受け、精神的に病んでしまい、９月から欠勤しているという。

そして、具体的ないじめの事実がつぎつぎに明らかにされてきた。

羽交い締めにして、無理やり激辛カレーを食べさせる。目や唇に激辛カレーの汁を塗る。ドレッシングや焼き肉のタレやキムチ鍋の原液を飲ませる。ビール瓶を口に突っ込み、ビールを無理やり飲ませる。熱湯の入ったヤカンを顔につける。カバンに氷を入れる。背中や脇腹をこづいたり、蹴ったりする。突きとばす。ロール紙の芯で尻をミミズ腫れができるほど叩く。携帯電話をロックして使えなくする。ＬＩＮＥで別の女性教員にわいせつなメッセージを無理やり送らせる。足を踏みつける。被害教員の車の上に乗ったり、車内で飲み物をわざとこぼす。車で自宅に送らせる。犬と呼ぶ。太れと言って菓子を口に詰め込む。

このようなことを教員がやっていたのかと呆れかえる内容だった。

2019年2月、同僚教員が「いじりの度が過ぎる」と前校長（2019年4月に異動）に報告したが、被害教員が「大丈夫です」と言うため、何も対応はしなかったとのことである。だが、いじめられている人間に尋ねて「大丈夫です」と答えたからといってほんとうに大丈夫なわけではないのは、子どもたちのいじめ対応においても常識と言える。なお、2018年12月に被害教員が前校長に相談したものの、「いじめじゃないよな」「（加害教員たちと）仲がいいだろ」と取り合ってもらえなかったという話もある。

4月に赴任した現校長にも、その直後から加害教員4名に関して複数の教員から相談があったようである。それでもとくに対応は取られず、7月になって被害教員が教頭との面談でいじめについて訴えた。そこで校長は加害教員側にも聴き取りを行い、ロール紙の芯で尻を叩く、背中や脇腹をこづく、被害教員の車の上に乗ったり車内で飲み物をわざとこぼすなどといった行為を確認した。加害教員たちは、「自分が面白ければよかった」「そこまで嫌がっているとは思わなかった。悪ふざけが過ぎた」などと説明し、校長は口頭で注意するにとどめた。しかし、9月から被害教員が学校を休み、家族からの相談で市教委が調査を始めたことで、「激辛カレーを無理やり食べさせる」などの暴力行為の全貌が明らかになった（朝日新聞デジタル2019年10月9日付）。

しかも、驚くべきは、そのいじめをしていた加害教員たちは、学校内でリーダー的な立場にあり、そのうちの2人は生徒のいじめの対応や防止をする生活指導を担当していたという。生徒たちにいじめをしないように指導している教員が同僚教員をいじめていたのである。

いじめを先導し、加害教員4人のうちのボス的存在だった40代女性教員は、前校長がわざわざ他校から呼び寄せたお気に入りだったため、女性教員は前校長の威光を背景に好き勝手に振る舞っていたという（週刊朝日オンライン2019年10月16日付）。そのような存在の女性教員に対しては、現校長も強い態度は取れなかったようだ。

この事件に対して全国で驚きの声が上がったが、学校現場の教員からは、「程度の差はあるが、特異な出来事ではない」との声も聞こえてくるという。教育新聞社が読者投票で尋ねたところ、350人から回答があり、自身がいじめやハラスメントの被害を受けたという者は55％もおり、教員同士のいじめやハラスメントを見聞きしたり、自分が受けたりしたことがないという者は2割しかいなかったという（教育新聞2019年11月4日付）。

この種の自発的な投稿を求める調査では、とくに関心のある人しか回答しないため、実態以上の高い数字が出がちである。だが、350人の回答者のうち200人くらいが自身が被害を受けているということは、全国の学校で相当数の教員が被害を受けている可能性があり、教員間のいじめがけっして稀なことではないとみなさざるを得ないだろう。

基本的に上には逆らえないといった体育会系の特徴が、子どもたちの模範であるべき教員組織にもみられるのである。このことは、あらゆる組織に体育会系の腐敗の構造が存在することを示唆するものと言える。

勢いで動くのは体育会系組織だけではない

過労死が多発していることを踏まえて、2014年に過労死等防止対策推進法が制定された。そこでいう過労死等は、業務における過重な負荷による脳血管疾患や心臓疾患を原因とする死亡、もしくは業務における強い心理的負荷による精神障害を原因とする自殺による死亡、またはこれらの脳血管疾患や心臓疾患、精神障害と定義された。

このように過労死を防止しようという動きが強まっているにもかかわらず、2015年12月に電通の新入女性社員が過労により自殺した。その女性社員は、4月に入社、10月以降に業務が増え、11月上旬にはうつ病を発症していたとみられる。そして12月25日に都内の社宅から投身自殺した。

この社員の家族の告発により、電通の「鬼十訓」が話題になった。社員手帳にも印刷されているという「鬼十訓」には、「一度取り組んだら『放すな』目的完遂までは殺されても放すな」といった、過労死を連想させるような過激な表現さえみられる。

勢いで動くというのが体育会系の特徴として言われるが、この鬼十訓の言葉など、まさに勢いで動くことを強要するものと言わざるを得ない。

この件は、2016年の9月に労災認定されたが、残業時間は2015年10月9日〜11月7日の1カ月で約105時間に及んだ。残業時間を労使協定で定めた月70時間以内に抑えるため、過少申告するよう指導されていたという。その指示に従って、10月は69・9時間、11月は69・5時間と記載していた（日本経済新聞2016年10月14日付より）。


残業時間の過少申告というのは、じつは日本の多くの会社員たちが当たり前のようにしていることなのではないだろうか。残業時間の上限が定められると、それを超える部分は残業しなくなるのではなく、表に出ないように残業するようになるという話をしばしば耳にする。いわゆるサービス残業である。ゆえに、いくら上限の時間数を減らしても実態はなかなか変わらない。

それはなぜなのか。なぜ労働者は身を守ろうとせず、自分の権利を主張しようとしないのか。

そこには、私が欧米の「自己中心の文化」に対する「間柄の文化」と特徴づけている日本の文化、そしてその中で形成される日本的な自己のあり方が深く関係している。
「自己中心の文化」で自己形成した欧米人なら、自分の立場や都合を基準に自己主張できるため、「そんなの無理」「私はイヤ」「私は納得できないから拒否する」「私の義務はもう果たした」「私の勤務時間はもう終わった」などと、過剰労働を簡単に拒否できる。拒否しないとすれば、それは報酬が非常に高いなど、自分にとってのメリットが大きい場合だけだ。

ところが、「間柄の文化」で自己形成した私たち日本人は、相手や周囲の人の思いや状況を配慮するのが習慣化しており、また相手の期待に応えなければといった思いが強いため、どんなにきつくても、「自分だけじゃないから」「みんなも大変だけど頑張ってるんだし」「先輩や仲間に負担をかけられないから」「自分が拒否したら仕事が回っていかないし」「お客がいるのに、ここで帰るわけにはいかない」「取引先からの電話に出ないわけにはいかない」「取引先の要求を拒否するわけにはいかない」などと、無理だという気持ちや拒否したい気持ちにブレーキをかけてしまう。

「個」を生きるのではなく、他者との「間柄」を生きているため、自分中心にものごとを考えることができない。そのせいで自分の身を守ることができなくなってしまうのだ。

こうしてみると、勢いだけで動くことを強要されるのは、体育会系にかぎらず、あらゆる日本の組織にみられる特徴と言わなければならない。

「英語民間試験」導入という思考停止

組織に属していると、なんでこんなおかしなことがまかり通るのか、だれもがおかしいと思うのになぜだれも異議を唱えないのかと思うことがあるのではないだろうか。

私自身、いろんな組織に属してきたが、どの組織でもそのようなことがしばしば起こっていた。たとえ異議を唱える人物がいても、大多数の事なかれ主義の人たちの黙認により、権力側の意向は何でもほぼ素通りといった感があった。特殊な事例をあげてもわかりにくいので、新聞やテレビのニュースでだれもが聞いたことがあると思われる事例をあげてみよう。

つい先頃、大きなニュースとして世間を騒がせ、未だに混乱が続いているのが、大学入試における英語民間試験導入の問題である。

２０２０年度から英語の民間試験を大学入試で利用するという方針のもと、２０１９年11月１日から、受験生が民間試験の成績を大学入試で活用してもらうのに必要な共通ＩＤの発行申し込みが開始されることになっていた。ところが、その当日の11月１日、萩生田光一文部科学大臣が「来年度からの導入を見送る」と突如表明したのだ。その際に、「等しく安心して試験を受けられる配慮など、自信をもってお薦めできるシステムになっていない」との理由が示された。

だが実際は、萩生田大臣の「身の丈発言」によってこの問題が世間の関心を集め、批判が殺到したため、これ以上強引に推し進めるのは政権にとってまずいと判断し、見送らざるを得なくなったのではないだろうか。なぜなら、その「自信をもってお薦めできるシステムになっていない」入試を、その直前までは予定通り行うと言っていたのだから。

「身の丈発言」というのは、つぎのようなものであった。民間試験の導入というのは、英語の７つの民間試験を自由に受けて、そのうちの２回分を入試用に提出するという制度である。10月24日の報道番組においてこの問題が取り上げられた際に、試験会場が遠方になる受験生もおり、またいくつもの民間試験を何度受けてもよいことから、居住地域や家庭の経済状況によって不公平が生じるのではないかとの質問に対して、萩生田大臣が「『あいつ予備校に通っててずるい』というのと同じ」「身の丈に合わせて、2回をきちんと選んで勝負してがんばってもらえば」と答えた。これが不平等を容認する姿勢だとして批判が噴出した。

萩生田大臣の失言により、この制度の問題点が世間に広まってしまったため、政府はこのまま強引に進めるのはまずいと判断したものと推測される。

だが、この失言が出るまでブレーキがかからなかったことが、国民も政治家も官僚も思考停止になっていた証拠と言わざるを得ない。上が要望することや決めたことには疑問を差し挟まずに従う、すべて上の要望を尊重し、上の判断に任せる。これはまさに体育会系組織の弊害と同じである。

なにも「身の丈発言」がなくても、この制度がおかしいことは、ちょっと考えればわかるはずである。

何しろ制度開始の5カ月前の時点で、各民間試験が行われる時期や場所がはっきりしていないのである。これだけでも制度上の不備と言わざるを得ない。だが、試験は各民間の営利団体が行うのであるから、受験者数の見当がつかないと会場の確保に走りにくいといった事情は十分考えられる。そうなると、民間業者に委託すること自体に不備があるということにもなる。

また、試験の日程や場所が明確になっていないことや、受ける度に受験料や交通費がかかるため経済力や居住地域によって不公平が生じるといったことばかりに目が向いており、世論も野党もそういったことばかりを批判しているが、そもそも性質がまったく異なる7つの民間試験の成績を比較し、英語の得点にする、ということ自体が、あり得ない発想ではないだろうか。

試験によって難易度が異なることから、一応の目安となる対照表（各資格・検定試験とCEFR【外国語学習のためのヨーロッパの共通参照枠】との対照表を文科省が提示している）は考案しているとはいうものの、そもそも試験によって開発目的が異なるため測っている能力も異なるのだから、そんな対照表は入試で使えるような精度を備えているとはみなせない。

民間試験は、入試用に作られているわけではなく、それぞれに異なる用途のもとに作られている。その視点が荒っぽい比較のもとに英語の得点とされ、個人の大学合否の判断材料にされるのである。よく考えれば、だれでもおかしいことに気づくはずである。

当然教育の専門家たちは問題点に気づいており、有識者会議では強い反対意見が出たが、実務家主導で民間試験の導入が決まっていったという。

大学受験というのは個人の人生を大きく左右する重大イベントである。それがいい加減なものであってはならないということで、政府の方針に対しては、高校の教員、大学の教員、予備校の講師、受験生といった当事者たちからつぎつぎと疑問が突きつけられていた。

すでに2018年の春に、東京大学の五神真《ごのかみまこと》総長が国立大学の会合で「拙速は避けるべきだ」と問題提起した時点で、家庭環境や居住地による不平等や、複数の民間試験の成績を比較して合否に使うことの難しさといった問題点が指摘されていた。

そして、2019年9月には、5200校が参加する全国高校長協会が問題点を列挙して、不安の解消を求め、「見直し」や「延期」を文科省に申し入れた。

専門家や当事者にとっては、大学入試として成立するシステムになっていないことは明白だった。それにもかかわらず、政府も文科省も聞く耳を持たず、実施に向けて突き進んだ。政治家も官僚も、いわゆる体育会系組織と同じく上の意向には逆らえない、どんなにおかしいと思っても異論を唱えることは許されない、といった組織の一員に過ぎない。

結局のところ、政治家も官僚も属人思考に陥り、だれもが思考停止状態なのである。

我々国民が思考停止になってはいけない

体育会系的な組織にまともな思考は期待できないなら、国民がしっかり考えるしかない。だが、どうも国民も思考停止状態のような感じがある。

萩生田大臣の失言のお陰で英語の民間試験の導入は白紙になったが、その理由としてあげられた「等しく安心して試験を受けられる配慮など、自信をもってお薦めできるシステムになっていない」大学入試が、失言さえなければ来年度から強行されるはずだったのである。これは恐るべきことと言わざるを得ない。

だが、問題は英語だけではない。国語や数学の入試に記述式問題を出すことになっており、50万人もの受験生の記述式問題の採点を短期間でこなすには約1万人の採点者が必要となるため、民間委託が決まっており、学生アルバイター等が大量に雇われて採点に当たることになっていた（後に見送りを発表）。

学生アルバイターによる採点を文科省として想定しているのかとの質問に対して、萩生田大臣は「結果としてさまざまな属性の方が含まれ得ると承知しています」と回答し（朝日新聞2019年11月7日付）、事実上学生アルバイターによる採点を容認する姿勢を示している。

だが、記述式問題の採点を公平に行うのがいかに困難であるかは、教育関係者ならだれもがわかることだ。ゆえに、2017年度の大阪大学や京都大学の出題ミスをきっかけに、入試問題の解答を公表する動きが加速しているが、記述式問題に関しては、出題の意図のみを示すことが多い。東大も、記述式問題の多くについては、出題意図のみを公表している。

国語の記述式問題などでは、さまざまな解答があり得るため、すべての例をあげることは不可能である。また、うっかり解答例を示すと、解答の幅が狭く制限され、出題者の予想していない思いがけない解答を不正解としてしまう怖れがある。

このような難度の高い記述式の採点を素人《しろうと》のアルバイターたちに頼ってよいのだろうか。受験生たちの人生がかかっているのである。

官僚にしろ政治家にしろ組織に縛られ思考停止状態にあるとしたら、こうしたおかしさに国民が気づかないかぎり、おかしな制度がつぎつぎに導入されてしまう恐れがある。

集団凝集性の高さが不祥事の温床となる

厚生労働省の村木厚子雇用均等・児童家庭局長が突然逮捕されたのは、2009年6月14日のことだった。新聞紙面には、「厚労省局長を逮捕」「偽証明書作成 部下に指示容疑」「郵便不正」「議員案件」「将来の次官候補」などの文字が躍っていた。

このとき何が起こっていたのか。村木厚子氏が後に著した『日本型組織の病を考える』（角川新書）に基づいてたどってみたい。

この郵便不正事件とは、偽の障害者団体が、郵便料金が格安になる障害者用の郵便割引制度を悪用して、不正に利益をあげていたというものである。その際、厚生労働省が２００４年に発行した、同団体が障害者団体であることを示す証明書が使われていたことが問題となっていた。

その証明書は、厚生労働省社会・援護局障害保健福祉部企画課長名で発行されていた。その発行権限を持っていたのが、当時企画課長をしていた村木氏だったため、大阪地検特捜部は、村木氏が偽の証明書の作成を部下に指示したという疑いをもっていた。

郵便不正の問題についての報道を見て、「そんな事件があるのか」と思っていたという村木氏だが、そのうちとんでもない話がマスコミを通じて伝わってきた。報道によると、検察の取調において、当時の上司だった部長は、「難しい案件だから、うまくやるように課長に指示した」と話しているという。また、当時部下だった係長は、「偽の証明書を課長に渡した」と供述しているというのだ。

そして検察に呼ばれ、取調を受けることになった。まったく心当たりがないのでそのように言ったが、おかしな調書になっていく。村木氏は、そのときのことについて、つぎのように記している。

「恐らく検察は、私がうそをついたと受け取れる調書を作らないと逮捕できなかったのでしょう。必死に抵抗しましたが、検事から、あなたの記憶についての調書なんですからこれでいいんです、また思い出したらその時に別の調書を作りますからなどと言われ、結局、押し切られてしまいました。」

その結果、虚偽有印公文書作成・同行使の容疑で逮捕された。

翌日から取調が始まったが、検事からは、

「あなたの場合は起訴されることになるでしょう」

「私の仕事はあなたの供述を変えさせることです」

などと言われたという。

このような言葉は、取調をして本人の供述を得る前から、すでに結論は黒と決まっており、そのストーリーに沿った供述を何が何でもさせるといった意思を感じさせるものと言わざるを得ない。村木氏も、調書の作り方について、つぎのように記している。

「驚いたのは調書の作り方です。被疑者や参考人が話したことを整理して、文章にするものだとばかり思っていました。実際は、全く違いました。検察は、自分たちのストーリーにあてはまる話は一所懸命聞き出そうとするけれど、自分たちに都合の悪い話は一文字も書こうとしない。自分たちの裏付けに使えるか、使えないかの一点のみで証拠が検討され、使えないものは無視されていきます。そして、私の話の中から、自分たちが使いたい部分だけを、都合のいいような形でつまみ食いして書いていくのです。これには本当にびっくりしました。」

取調による調書作成がいかに不当なものであるか、その驚くべき実態を知らせてくれる一例を村木氏は示している。

「二人目の検事から、『上司から、証明書の作成をやってねと言われたとしたら、係長はどうしただろう』と聞かれました。そんな仮定の質問には答えられないと言うと、『係長は金がほしくて、あるいは何か悪意があって、こういうことをやったと思うか』と聞いてきます。『あり得ないと思います』と私が言うと、また仮定の質問で、『もし、係長が上司から指示されて追い詰められたとしたら、かわいそうですよね』と言うのです。『もしそんなことがあったとしたら、そうですね』と返すと、検事は次のような調書の口述を始めました。

『私は係長に対し、大変申し訳なく思っています。私の指示が発端でこのようなことになりました。係長はまじめで、自分のためにこういうことをやる人ではありません。私としては、彼がこういうことをやったことに、責任を感じています……』

うそでしょう。信じられません。検事は口述を終えると、印刷はせずにサインをしますかと尋ねてきます。即座に断りました。」

しかし、結局、7月4日に起訴された。

あるとき、村木氏は、検察のストーリーを覆す決定的な証拠を見つけた。証明書が作成されたときのフロッピーディスクの文書の属性情報が印刷された書類である。そこには、作成日時2004年6月1日1時14分32秒、更新日時2004年6月1日1時20分06秒とある。検察のストーリーでは、証明書は6月8日から10日の間に作られていなければならない。この発見が、無罪判決への大きな一歩となった。

後にわかったところによると、そのフロッピーディスクは、早々に係長に返され、法廷には出ないようにされていた。物的証拠となる重要性がわかっていたため、隠蔽工作をしたのである。

証人尋問では、国会議員から頼まれたという「議員案件」とされていたのが、まったくのでたらめだったと判明した。偽の障害者団体の関係者が国会議員の事務所を訪ねて証明書発行の口利きを依頼したとされた日、その議員はゴルフ場にいたことがわかり、その議員には完璧なアリバイがあったのだった。

しかも、検察が議員に事情聴取したのは、村木氏の起訴の後だった。検察は証拠を固めることもせずに逮捕していたのである。

こうして村木氏は裁判で無罪となった。

その後、例のフロッピーディスクを解析したところ、更新日時が「6月1日」から「6月8日21時10分56秒」に書き換えられていたことが判明した。検察のストーリーに合致するように証拠の改ざんまでしていたのである。それも起訴した後の7月13日に行われていた。裁判で不利になる証拠を潰そうとしたわけである。

こうした経験をもとに、村木氏は、検察という組織の問題点についてつぎのように記している。

「事件を振り返って何より痛感したのは、検察はなかなか軌道修正ができない組織だということです。裁判が始まると勝つことが至上命令となり、真相解明という本来の使命が置き去りにされているように感じます」

勝つことが至上命令となり、そのためには手段を選ばず、どんな汚いことも平気でやってしまう。これは、日大アメフット部の監督の勝利至上主義が危険タックルを生んだのとまったく同じ構図のように見える。

第4章で集団凝集性の孕む危険性について解説したように、集団のまとまりが良いというと、集団としてしっかり統制されており、安定感があり、とても良いことのように思われがちだが、その弊害として、同調圧力が強く、異論を許さない空気が醸成されやすいということがある。

組織の上層部の意向や組織としての決定に反対しにくい雰囲気が強く、また組織の威信を守るための言動の統制も行われやすくなる。組織の規範から逸脱した行動に対して攻撃的な反応が出やすいということもあり、おかしいと思う人物がいても声を上げにくい感じになり、軌道修正が非常に難しくなる。

一丸となってみんなでひとつの目標に向かって突き進む。何が何でも目標を達成しなければならないといった思いをみんなが共有している。そんな結束の強い組織集団は、こうした危うさを孕んでいるのである。

体育会系組織だけでなく、検察組織も非常に統制された集団凝集性の高い組織と言える。この事件も、そうした集団凝集性の高さゆえに軌道修正ができずに誤った方向に突き進んでしまった事例と言える。

だが、検察組織がけっして例外というわけではなく、このようなよく統制された組織というのは、そこらじゅうにあるのではないだろうか。よく統制された集団凝集性の高い組織では、このようなふつう考えられないような不祥事が平気で起こったりするのである。

「気配り」が不祥事を生む

体育会系組織の特徴として、下は気配り上手、上は権力者、といった構図があることはすでに指摘したが、そうした構図が不祥事の温床になりやすいということがある。その場合の鍵を握るのが、２０１７年の流行語大賞にもなった「忖度」だ。

言葉というのは、ごく表面的なものであり、その背後にある思いを汲み取らないと満足のいく心の交流はできない。言葉を信奉する欧米社会と違って、日本社会にはそうした感受性が根づいている。

気持ちが通い合う心地よい関係を形成し、維持するには、言葉の応酬をするだけでなく、言葉の背後にある思いを察し合うことが大切となる。私たち日本人は、幼い頃からそうしたコミュニケーションに馴染んでいるため、ごく自然に察し合いのコミュニケーションを行っている。そのため、自分の思いや要求をいちいち言葉に出して伝えるのは無粋であるといった感受性が根づいている。言葉の背後に漂う思いを汲み取り合うところにこそ、心の深い結びつきを感じる。

このように、日本社会においては、言葉に対する不信感、そしてはっきり口にするのははしたない、あるいは無粋であるといった美学が伝統的に根づいている。それが察し合いや忖度を生むわけだが、それがときに不祥事につながる。

そうした日本的コミュニケーションの特徴をつかむのに参考になるのは、文化人類学者ホールによるコンテクスト度という考え方である。

ホールは、コンテクスト、つまり文脈への依存度の高い文化と低い文化があるという。コンテクスト度、つまりコンテクストへの依存度の低い文化では、コンテクストに含まれる情報が少ないため、情報のほとんどが言語により伝達される。言葉ではっきり伝えないと、言いたいことが伝わらない。

伝えたいことを言葉ではっきりと表現する欧米的なコミュニケーションは、まさに低コンテクストのコミュニケーションということになる。

それに対して、コンテクスト度の高い文化では、情報の多くの部分がコンテクストの中に埋め込まれているため、言語によって伝達される情報は少ない。はっきり言葉に出さなくても言いたいことが伝わる。

言葉に出してはっきり言わなくても察し合いによって伝わることを期待する日本的なコミュニケーションは、まさに高コンテクストのコミュニケーションということになる。暗黙の了解、以心伝心、察し合い、遠回しな言い方、「婉曲《えんきょく》」表現など、はっきり言語化しないコミュニケーション作法が成り立つのも、コンテクストが機能しているからに他ならない。

私たちは、日常的な人間関係においても、コンテクストが機能することを期待してコミュニケーションを行っている。あるいはコンテクストを機能させないといけないと思い相手の言外の思いや意図を探ろうとする。

はっきり言わないけど、おそらくこんな思いなんだろうなあ、こんな要求があるのでは、こんな期待があるのかもしれないなどと、言外の思いや意図を汲み取ろうとするのも、相手がコンテクストが機能するのを前提にはっきり言わないでいることがわかるからである。

ふだんあまり意識することはないかもしれないが、多くの人は、高コンテクストのコミュニケーションを知らず知らずのうちに使っているものである。そこを自覚してもらうために、以下のチェックリストの各項目が自分自身に当てはまるかどうかチェックしてみていただきたい。

あてはまる項目が多いほど、高コンテクストのコミュニケーションスタイルを身につけていることになる。

①相手の依頼や要求が受け入れがたいときも、はっきり断れず、遠回しな言い方で断ろうとする
②相手の意見やアイデアに賛成できないときも、はっきりとは反対しない
③はっきり言わずに、相手に汲み取ってほしいと思うことがある
④相手の出方を見ながら、自分の言い分を調節するほうだ
⑤これ以上はっきり言わせないでほしい、察してほしいと思うことがある
⑥相手の期待や要求を察して、先回りして動くことがある
⑦相手の言葉から、言外の意図を探ろうとするほうだ
⑧相手の気持ちを察することができるほうだ

あてはまる項目がけっこう多いのではないだろうか。言いたいことははっきり伝えるべきだなどとふだんは言っている人も、意外にも自分自身がはっきり口に出さない高コンテクストのコミュニケーションを日常的に用いていることがわかるのではないか。

学生たちにチェックさせてみると、今どきの若者でさえ、このほとんどの項目が自分にあてはまるという。それほどまでに高コンテクストの察し合いのコミュニケーションは、日本社会に深く浸透しているのである。だからこそ、ときに忖度をしすぎて不祥事を招くということが起こってしまうのである。

忖度すること自体が悪いわけではない。忖度するには、相手の視点に立ったときにものごとがどのように見えるかを想像する姿勢が必要である。自分の視点からしかものごとを見ることができない自己中心的な視点に凝り固まった人は、忖度することができない。

そう考えると、忖度できるということは、自己中心的な視点に凝り固まらずに、相手の視点に想像力を働かせ、相手の気持ちや立場を配慮できることを意味するわけで、日本社会の価値観からすれば好ましいことになる。気配り上手がほめ言葉なのも、そのためと言える。

ただし、忖度する側や忖度を期待する側の動機が不純なものである場合に、不祥事につながってしまう。

相手に申し訳ないとか、相手を傷つけたくないといった思いやりによって忖度するのではなく、相手の要求を満たしておくと得をする、相手の気持ちをくすぐっておけばものごとを自分にとって有利に運びやすいといった利己的な動機によって忖度するとき、それは好ましくない忖度になりがちである。

また、相手から忖度するようにと無言の圧力をかけられることもある。コンテクスト度の高い文化ゆえに、明言せずに下の人間を動かすことができる。それが日本的組織の深刻な病巣のひとつと言ってよいだろう。

下は上の気持ちや立場を忖度して動く。そんなことをしたら不正行為に加担することになると思っても、相手の期待を肌で感じ、きっぱりと拒否することができずに、やむを得ず不正に手を染めてしまうということもある。そのような忖度は、不適切なものとみなさざるを得ない。

責任の所在を覆い隠す忖度の心理構造

忖度の孕《はら》む問題点として、責任の所在を覆い隠すということがある。政治家にしろ、実業家にしろ、それを悪用する権力者が後を絶たない。

権力をもつ側の人物がはっきりと要求を口に出さずとも、権力を怖れる側の人物が忖度して、権力側に有利になるようにものごとを進めたりする。それが不祥事につながりやすい忖度の典型的な構図と言える。

さりげなく匂わすのが、権力側のやり方であるため、下の人間にはその匂いを鋭敏に嗅ぎ取る能力が求められる。

テレビドラマや映画などでは、上司の意向を必死に忖度しようとして上司に振り回される部下の姿が滑稽に描かれたりするが、それは現実そのものと言える。テレビドラマや映画なら笑って済ませられるが、現実の部下たちは、生活を賭けて上司の意向を汲み取ろうとする。そうでないと自分の身が危ないからだ。

なぜなら、権力側は人事権を握っているからである。仕事をどう割り振るかなど、あらゆる裁量権を握っている。ゆえに、どんなに危ない案件でも、下は権力側の意向を忖度して動かざるを得ない。

ゆえに、極端なことを言えば、権力者は、ただ「よろしく！」と言うだけで、ものごとを自分に有利なように動かすことができる。権力者の恩恵にあずかっている人物や、権力者を怖れる人物は、「よろしく！」の含意を想像力を働かせて受け止める。それが単なるあいさつだと受け止めるような鈍い人物はいない。自然に察してしまう。

ただし、権力側の意に沿って動くのはまずいと思うこともあるだろう。だが、無下に断ったり、無視したりすることはしにくい。下の人間としては、上が匂わせてきたら、それを忖度しないわけにはいかない。

では、その結果、権力側に便宜を図って、いわゆる不正行為を行い、それが運悪く表に出てしまったら、どうなるか。権力側の責任となるだろうか。日々の報道を見ればわかるように、たいていは便宜を図らざるを得ないように追い込まれた下の人間が責任を取らされることになる。

なぜなら、忖度で動いたわけだから、権力側が強要した証拠がないからである。権力側は、このように下の人間に忖度させることで、いざというときの逃げ道をつくっておくのだ。

実際、不正が暴かれた事件の報道を見ても、権力側、あるいはお得意さん側は、べつに何も圧力などかけていないし、何も頼んだりしていないと言う。実際、内面的なやりとりは形が残らないし、外形上は「よろしく！」とひと言あいさつしただけで、具体的に何かを要求したわけでも依頼したわけでもない。

そのため、勝手に動いた下の人間だけが責任を問われることになる。実際には、上の人間の言外の意図を想像力を膨らませてうまく汲み取って動いたのだが、勝手なことをして上に迷惑をかけたということになってしまうのである。そこには阿吽《あうん》の呼吸が働いていたわけだが、そんなことは客観的に証明できない。

こうして権力者は、「よろしく！」などと言外の意図をさりげなく匂わせることで、自分の身を危険にさらすことなしに、自分の望む方向に周囲を動かすことができるのである。それにより、場合によっては権力側のやりたい放題になってしまう。

はっきりと指示するのでなく、上の意向を忖度して動くようにしむけるという日本的組織にありがちなコミュニケーション・スタイルが、いざというときの責任逃れの温床になる。こうして体育会系に限らず日本的組織の権力側の無責任構造が生まれるのである。

世を騒がせた森友問題や加計問題でも、権力側が指示したり要求したりした証拠はどこにも見当たらず、権力側が罪に問われることなくうやむやなままになったが、国政に限らず、あらゆる組織で似たような構図で物事が権力側の意向に沿って動いたりしているのである。

反対して、その責任を追及されそうになったら、べつに反対はしていないと言える。基本的に賛成で推進した場合も、それが失敗し、責任を追及されそうになったら、進めるように指示した覚えはないと言い逃れができる。

察しのコミュニケーションというのは、保身的な上司にとって、じつに便利な道具となっている。

部下としては、その曖昧さを何とか解消すべきなのだが、言わなくても察するようでないと一人前の部下とは言えないといった雰囲気がある。「察して動け」などと言われ、「指示待ち人間」の使えなさが問題視されるため、いちいち言われないと動けないようだと、見捨てられるかもしれないといった不安も脳裏をよぎる。そのため、はっきり確認するのは気がひけてしまう。

そこで仕方なく察して動くのだが、うまくいっているうちはよいが、何か問題が生じると、「そんな指示はしていない」「オレは聞いてない！」などと言って梯子を外される。察することを軸とするコミュニケーションの曖昧さが、部下が勝手にやったことで自分は指示していないという逃げ道を残すことになる。

だが、部下の側も上司の意向を察して動いたということで、全面的責任を負わされることにはならないのがふつうだ。結局、意思の疎通が悪かったということで済まされてしまう。これが日本的組織の無責任構造を生むことになるといってよいだろう。

「上にお任せ」の「甘えの心理構造」が情実人事につながる

欧米のような自己中心の文化においては、下の人間も自分の身を守るように必死になって自己主張をする。そこで自己主張をしなければ、上にいいように使われ、捨てられて、終わりである。

だが、私たち日本人の場合は、自己主張を抑え、上の期待に応えるべく行動することが身を守ることにつながる。なぜなら、そうすれば上もこちらの期待に応えて、こっちにとって良いように取り計らってくれることが期待できるからである。

そこにあるのが、日本独自とされる「甘えの心理構造」である。相手の期待に応えたい。相手の期待を裏切りたくない。そうすることによって、きっと向こうもこっちの期待に応えてくれるはず。お互いの間にそうした「甘えの心理構造」が機能している。

そのため、期待が裏切られたりすると怒りが込み上げてくる。勝手に自分が期待しただけで、相手はそんな約束はしていないにもかかわらず、拗ねたり、恨んだりする。それは、日本文化において暗黙のうちに機能しているはずのルールに違反する行為だからである。

日本社会に必要以上の忖度がはびこるのも、私たち日本人には相手の期待を裏切りたくないという思いが強いからと言える。相手の意向を配慮しつつ行動するのは、私たち日本人の基本的な行動原理となっているのだ。

自分の意向に従って動くために相手を説得するのが基本的な行動原理となっている欧米人には信じがたいことだろうが、私たち日本人にとっては相手が何を期待しているかが重要なのだ。

そうした心理的特徴は、日常のコミュニケーション様式のみならず、たとえば動機づけにもあらわれている。

教育心理学者ハミルトンたちは、日本とアメリカの小学校五年生を対象に、成績や勉強に対する意識についての比較研究を行っている。その中で、とくに日米で違いがみられたのが、勉強をしたり、よい成績を取ろうとしたりする理由であった。

アメリカの子どもには、自分の知識が増えるなど、自分のために頑張るという反応が多かった。それに対して日本の子どもには、お母さんが喜ぶなど、両親や先生を喜ばすため、あるいは悲しませないためなど、人のために頑張るという反応が目立った。

今どきの学生たちと話しても、「さぼると親に悪い」といった言葉をよく口にする。何かを頑張る理由として、私たち日本人は、自分にとって大切な人物を喜ばせたいとか、悲しませたくないといった人間関係的な要因をあげることが多い。だから、頑張れないときや成果を上げられないときは、そういう人に対して「申し訳ない」といった思いに駆られる。

スポーツ選手が勝利インタビューなどで、お世話になっている監督やコーチのために頑張った、恩返しができたというようなコメントをする光景をしばしば見かける。そこがいかにも日本的といえる。

このように何事に関しても、私たち日本人は、たえず相手の期待を気にして、それを裏切らないように行動しようとするようなところがあるのである。自分の期待に応えてくれれば助かるし、それに報いたい気持ちになるのが自然である。

それが日本的組織に情実人事がはびこる理由と言える。

さらには、期待に応えれば良いように取り計らってくれるのではないかといった期待感をうまく刺激して、自分の思うように部下を動かそうとする上司もいる。

第2章では、医学部附属病院における医師の世界のどろどろした権力構造を描いた山崎豊子の「白い巨塔」について触れたが、そこに描かれているつぎのようなセリフは、まさに部下に対してこちらの期待に応えるように暗に強要するものと言える。

「では、先生、肺の転移巣に気付いていなかったのを、気付いていたようなことにするわけですか」

と意向を確認する部下に、

「そうはっきり聞き直されたんじゃあ、返事のしように困るが（後略）」

と言いつつも、

「（前略）この裁判が無事に終れば、君の将来については僕なりの考えを持っているよ（中略）君の考え次第でどうにでもなることで、明後日の出廷は、いわば君の将来にも繋がっているということだよ、解るね、この意味が――」

とやんわりと圧力をかける財前教授。

「（前略）誰に有利、彼に不利というようなことではなく、医学的に厳正な事実だけを証言するわけです（後略）」

という里見助教授に対して、

「よし、解った（中略）ただ一言云い添えておきたいのは、君の証言で、万一、浪速大学の名誉を損うようなことがあれば、君が大学におりたくとも、おりにくくなる場合があるかもしれないということを、付け加えておく」

とあからさまな脅しをかける鵜飼医学部長。

このような人間模様の世界では、情実人事は当たり前のように行われることになる。

会議でほんとうの議論ができない

組織の不祥事が表沙汰になったときは、第三者委員会の調査が行われることが多いが、その調査報告をみると、たいていは個人が勝手にやったというのでなく、必要な手順を踏まえて了承を得ている。つまり、おかしなことが堂々と会議を通過しているのである。

このことからわかるのは、会議でほんとうの議論が行われていないということだ。

私たち日本人には、体面を重んじ、自分の体面が潰れることや相手の体面を潰すことを極端に嫌う心理傾向がある。そのため、本当の議論がしにくいのだ。

それには、伝統的な日本文化の特徴が関与している。

16世紀の後半から、関ヶ原の合戦を経て徳川家康が天下を取る1603年まで、キリスト教布教のために日本に滞在していたヴァリニャーノは、当時の日本人の印象をつぎのように記している。

「日本人は、全世界でもっとも面目と名誉を重んずる国民であると思われる。すなわち、彼等は侮蔑的な言辞は言うまでもなく、怒りを含んだ言葉を堪えることができない。したがって、もっとも下級の職人や農夫と語る時でも彼等に礼節を尽くさねばならない。さもなくば、彼等はその無礼な言葉を堪え忍ぶことができず、その職から得られる収入にもかかわらず、その職を放棄するか、さらに不利であっても別の職に就いてしまう」

（ヴァリニャーノ著・松田毅一他訳『日本巡察記』平凡社）

これを読むと、400年以上も前の日本のごく普通の庶民にとっても、体面を潰されるのは耐えがたいことで、体面を守るためには生活の糧を失う覚悟で職を辞してしまうほど、体面を重んじていたことがわかる。

新渡戸稲造も、日本の精神文化を伝えるために英語で執筆してアメリカで出版した『武士道』において、名誉の感覚について、つぎのように解説している。

「名誉という言葉は、よく使われていたわけではないが、その観念は、『名』『面目』『外聞』などという言葉であらわされてきた」（新渡戸稲造著・須知徳平訳『武士道』講談社）

「名声は人の体面であり（中略）名声を侵されることは、最も恥とされた。そして『恥を知る心』（廉恥心）は、少年の教育において第一の徳目であり、『笑われるぞ』『体面を汚すぞ』『恥ずかしくないか』などの言葉は、少年に対して、正しい行動を促すときの最後のいましめであった。このように、少年の名誉心に訴えることは、あたかも母親の胎内にいたときから名誉で養われていたかのように、彼のハートの最も敏感なところに触れたのである」（同書）

これは今でも変わらない。子どもたちは、悪いことをしたり、狡《ずる》いことをしたり、甘えたことを言ったりすると、

「みっともないことをするな」

「そんなことをして、恥ずかしくないのか」

「そんな甘えたことを言ってたら笑われるよ」

などとたしなめられる。

みっともないという意識を刺激するしつけは、今でもふつうに行われている。それによって、いつの間にか私たちは、人にみっともない姿をさらすのを怖れるといった形で体面を気にするようになる。

そのため、私たち日本人は、自分や相手の体面を潰さないように非常に気をつかっている。日本文化にどっぷり浸かっている私たちは当たり前のように感じているため、改めて意識することはないが、体面を潰さないための日本人の知恵は、外国人にとっては驚くばかりであるようだ。

ソビエト連邦時代の1960年代に、ソ連共産党の機関誌『プラウダ』の特派員として、東京で7年間を過ごしたオフチンニコフは、日本人は自分や他人が見下されたり恥をかいたりするのを何としてでも避けようとするとして、つぎのような指摘をしている。

「日本人は、露骨な競争となり、一方が勝って、もう一方の『面目が失われる』結果になるようなことを、驚くばかりの知恵を働かせて避けようとする。『面目を失う』ことを当事者の双方が恐れることから、第三者、つまり仲介者の必要が起こる。仲介者なしては、日本人は結婚の媒酌から商業契約の締結にいたるまで、どんな交渉も考えられない」（オフチンニコフ著・早川徹訳『一枝の桜―日本人とはなにか』中公文庫、以下同書）

「日本の小学校の生徒は、自分のクラスでだれが一番で、だれがビリだということをほとんど答えない」

「日本の人力車は昔、若い車夫が年長の車夫を追い抜こうとしたら、道順を変更して、新参の車夫の方が力も耐久力もまさっていることを人に見られないようにするならばかまわない、という不文律が、きびしく守られていた。

この、露骨な競争を表面上できるだけ最低限に押えようという気持ちは、現在でも日本人の生活のなかに浸透している」

オフチンニコフの指摘のように、何かと仲介者を立てるのも、直接交渉によって露骨な議論やすれ違いが生じ、どちらかが、あるいは双方が傷ついたり、気まずくなったりするのを避けるためといってよい。

だが、とくに仲介者のない場合も、私たちは条件が悪くて何かを断らなければならないときなど、相手の体面を潰さないような断り方を必死に模索するものだ。

小学生がクラスでだれが一番でだれがビリかという質問に答えたがらないというのは、今でもそうだろう。成績というものが重視されるようになる小学校の上級生くらいにもなると、教室の中では成績について不用意に口に出せない雰囲気になる。

そこには、成績の悪い子の体面を潰して傷つけることがないようにとの配慮もあるだろうし、成績が良いことで妬まれないようにとの配慮もあるだろう。

さらには成績の良い子の体面を潰さないようにといった配慮さえ必要になる。たとえば、普段一番の子が、運悪く平凡な成績を取ったりすると、本人の体面を気にして、だれも成績については触れないように気をつかう。

また、普段それほど成績の良くない子が、一番の成績を取ったりすると、いつも成績上位にいる優等生たちの体面を潰してしまう怖れがあるため、ひたすら隠そうとする。

万一、自分が一番であることがばれてしまった場合も、「嘘みたいな成績取っちゃったよ」などとおどけながら「たまたま」だということを強調する。

相手の気持ちや立場を思いやるという配慮は、けっして悪いことではない。むしろ好ましいことと言える。だが、ともすると、相手の体面を気にしすぎて、言うべきことも言えない、ゆえに本来議論すべきことを議論できないということになってしまう。

社会人類学者の中根千枝は、率直な議論がしにくい日本社会の体質について、つぎのように批判している。

「私たちが自分の意見を発表するとき、対人関係、特に相手に与える感情的影響を考慮に入れないで発言することは、なかなかむずかしい。（中略）日本社会におけるほど、極端に論理が無視され、感情が横行している日常生活はないように思われる。」中根千枝『タテ社会の人間関係』講談社現代新書）

「この日本人の習性が最も大きくあらわれるのは、学会や研究会である。若い学者が先輩の学者に対して堂々と反論できないことである。

こうした場合の、学会での反論の仕方をみると、まず、不必要な賛辞（それも最大限の敬語を羅列した）に長い時間を費やし、そのあとで、ほんのちょっぴり、自分の反論を、いかにもとるにたらないような印象を与える表現によってつけ加えたりする。客観的にみると、学者にあっても真理の追求より、人間関係のリチュアル（著者注：しきたり、儀式）のほうが優先している、と言わざるをえない」（同書）

私も学会での議論を無数に経験してきたが、まさに中根の指摘する通りである。研究発表を聞いて疑問に思ったことをぶつけたり、真っ向から対立するような意見を口にしたりしにくいのは、中根の言うように、相手に与える感情的影響を考慮しなければならない、つまり相手の体面を潰さないように配慮しなければならないからである。結局、相手の気分を害さないかということばかりが気になり、論理的なやりとりに徹することができないのだ。何を言うにも、相手や周囲の人の感情的反応を気にせずにはいられない。相手や周囲の人の感情的反応を想像すると、言いたいことも言いにくくなったり、とくに思っていないことまで言わなければならなかったりする。

何とも不自由なことではあるが、小さい頃から相手の気持ちを配慮するように育てられているのだから、どうにも仕方のないことなのである。それ自体は、けっして悪いことではないのだが、そのせいで議論すべきことが十分に議論されず、おかしな提案が会議を通過して不祥事につながってしまったりするわけである。

何よりも大事なのは場の空気を乱さないこと

はっきり言葉でやりとりせずに相手の意向を汲み取る、いわゆる「空気を読む」のが日本的コミュニケーションの特徴と言える。空気を読むことができない人物のことを「ＫＹ」（空気のＫ、読めないのＹ）と言ったりするように、空気読み社会は今でも健在である。

空気を読むことは、相手や周囲の人たちの気持ちや立場を配慮することであり、そこには温かい心づかいもあるわけだが、それがときに判断を誤らせることにつながる。

戦争のような重大局面においても、空気の圧力に屈して、だれもが言うべきことを言えずに、おかしな結論に至ってしまうことがあるくらい、空気の圧力は強烈なのである。

大東亜戦争における諸々の作戦において日本軍がなぜ失敗したのかを組織論的に分析

している戸部良一たちは、日本軍の戦略策定が論理に基づくというよりも、多分に気持ちや空気に支配される傾向があったことを指摘している。

沖縄戦の際に、連合艦隊司令部が、戦艦大和がその他の残存艦とともに海上特攻隊として沖縄西方海面に突入し、敵水上艦隊と輸送船団を攻撃するという作戦を立案したことについて、つぎのように分析する。

「『大和』以下の艦が直衛機を持たないで、敵の完全な制空権下で進撃しても、沖縄まで到達することは絶対に不可能であった（中略）これは壮大な自滅作戦という以外にない。事実、連合艦隊司令部の会議でも参加者の誰もが成功する可能性があるとは考えなかった。これはもはや作戦というべきものではない、理性的判断が情緒的、精神的判断に途を譲ってしまった。軍令部次長の小沢治三郎中将は、このときのことを述懐して、『全般の空気よりして、当時も今日も（『大和』の）特攻出撃は当然と思う』と発言している。

この『空気』はノモンハンから沖縄までの主要な作戦の策定、準備、実施の各段階で随所に顔を出している。空気が支配する場所では、あらゆる議論は最後には空気によっ

て決定される。」（戸部良一他『失敗の本質―日本軍の組織論的研究』中公文庫）

戦争の最前線における戦略策定のような重大局面においても、空気の力が猛威を振るい、言葉よりも空気でものごとが決定されてしまうのだ。それは非常に恐ろしいことであり、無謀なことであるわけだが、どうしても空気の圧力に屈してしまう。

日頃から相手の気持ちや立場を配慮するコミュニケーションにどっぷり浸かって暮らしている私たち日本人としては、場の空気を乱すようなことは、何としても避けなければならない。

たとえ戦争の最前線であっても、日常のコミュニケーションのルールを逸脱することには心理的抵抗が生じるのである。

全会一致は同調圧力があった証拠

体育会系組織にありがちな上意下達の体制は、会議での同調圧力を生み、上からの意見や提案に疑問をぶつけることができない空気を醸し出す。第2章で取り上げたいくつかの組織の問題をみても、そうした空気の支配があったのではないかとの疑念を抱かざるを得ない。だが、それは体育会系組織に限らない。

会議において、だれもが疑問を感じるような提案がなされても、何も質問が出ず、ましてや反対意見も出ず、重苦しい空気の中、

「異議がないようですので承認ということでよろしいでしょうか」

という議長の声が響き、少し間をおいて、

「では、全会一致で承認ということにいたします」

となり、多くの者が疑問に思う提案が全会一致で承認されてしまう。これは、どんな組織にもみられる会議の風景である。

会議の後、そこに居合わせた人物に、なぜ疑問を口にしなかったのかと問いかけると、

「疑問を口にできるような空気じゃなかった」

「反論できるような空気じゃなかった」

などと言う。

ここからわかるのは、全会一致というのが極めて疑わしく、何とも危うい決議方式だ

ということである。

多様な人間が集まって検討したのに、何の疑問も出ずに全員の見解が一致するなどということは、現実にはほとんどあり得ないはずだ。それにもかかわらず全会一致で決まったということは、会議の場が異論を出しにくい空気に支配されていたことの証拠と言ってよいだろう。

心理学者のアッシュは、線分の長さを問う実験によって、そうした同調圧力が明らかに存在することを証明している。

そこでは、2つの図版を見せて、左の図の線分と同じ長さの線分を右の図の3本の中から選ばせるという実験がさまざまな図版を用いて行われた。

8人が順番に答えるのだが、ほんとうに実験を受けているのは7番目の人物のみで、あとの7人はサクラで、18回のうち6回は正答をし、12回はサクラのすべてが一致した誤答をするように仕組まれていた。

その結果、7番目に答えるほんとうに実験を受けている人物は、他のサクラの圧力を受けて、32％が誤答に同調したのである。サクラの圧力がかからない場合は誤答率が1

%にもならない簡単な課題であったことを考えると、誤答が同調圧力に屈してしまった結果であることは明らかであり、同調圧力がとても強力であることがわかる。

『「空気」の研究』の著者である山本七平は、会議の参加者は何やらわからぬ空気に自らの意思決定を拘束されているという。それまでの議論の論理的結果として結論が採用されるのではなく、空気に適合しているために結論として採用されるのである。

「採否は『空気』が決める。従って『空気だ』と言われて拒否された場合、こちらにはもう反論の方法はない。人は、空気を相手に議論するわけにはいかないからである。」

(山本七平『「空気」の研究』文春文庫)

山本の著書でも、前出の戦艦大和の無謀な出撃に関する軍令部次長小沢中将の「全般の空気よりして、当時も今日も(大和の)特攻出撃は当然と思う」という発言が取り上げられている。

「大和の出撃を無謀とする人びとにはすべて、それを無謀と断ずるに至る細かいデータ、すなわち明確な根拠がある。だが一方、当然とする方の主張はそういったデータ乃至根拠は全くなく、その正当性の根拠は専ら『空気』なのである。従ってここでも、あらゆる議論は最後には『空気』できめられる。最終的決定を下し、『そうせざるを得なくしている』力をもっているのは一に『空気』であって、それ以外にない。」（同書）

このような事態を踏まえて、山本は、空気というのは大きな絶対的な権力をもつ妖怪だとする。

「（前略）一種の『超能力』かも知れない。何しろ、専門家ぞろいの海軍の首脳に、『作戦として形をなさない』ことが『明白な事実』であることを、強行させ、後になると、その最高責任者が、なぜそれを行なったかを一言も説明できないような状態に落し込んでしまうのだから（後略）」（同書）

統計も資料も、それらのデータをもとにした分析といった科学的手段や論理的論証も、一切が無駄となり、そういうものをいかに精緻に組み立てても、いざとなるとそれらは一切消し飛んで、すべてが空気によって決まってしまうのだ。

だれも空気には逆らえない。ゆえに、この空気なるものの正体を把握しておく必要があると山本は言う。

深刻化しつつある空気読み社会

　このような空気の圧力は、このところ改善されるどころか、むしろ強まっているように思われる。

　それは、ひとつには国家権力の中央集権化と並行して、世の中の多くの組織でも中央集権化が進んでいるからである。

　ここ数年、官僚による文書改ざんなどの不祥事が相次いでいるが、それも官邸が官僚の人事権を握るようになったからと言われている。官僚たちは、自分たちの人事権を握り、生殺与奪の権限をもつ官邸に逆らうことができなくなり、言うべきことも言えず、上の意向を忖度して動かなければならなくなったのである。

　同じようなことは、私が生きてきた大学の世界をはじめ、あらゆる学校現場でも起こっている。これも政府の方針により、大学では学長の権限を強化したため、教授会に人事の決定権がなくなるなど、現場教員の権限は縮小し、会議でも物言えぬ空気が漂っていることも少なくない。

小学校や中学校、高等学校でも、校長の権限が強化されたため、同じく会議でも物言えぬ空気が強まっているのではないか。最近話題になっている教師間のいじめなども、風通しの悪い職場の空気が助長するものと言ってよいだろう。

さらには、若い世代になると空気読みは弱まるはずと期待する声もあったが、SNSの発達により、むしろ強化されている感がある。

自由な時代を勝手気ままに生きていると思われがちな今どきの若者だが、周囲の仲間に気をつかう心理傾向はむしろ強まっている。学生たちにアンケートをとっても、ホンネを抑えて周囲に気をつかい、その場にふさわしい話題しか出さないなどと言い、ホンネをなかなか出せないという者が非常に多い。

日頃よく喋っている友だちに自分の思っていることを率直に話しているかどうかを尋ねたところ、典型的な反応として、つぎのようなものがあった。

「相手の反応が気になり、趣味やプライベートなこととか、自分の内面については話せない。自分の意見にも自信がなくて、相手に呆れられてしまうのではと思ったりして、なかなか意見も言えない」

「友だちにホンネを言おうとしても、それを理解してくれなかったときのことを考えると、なかなか話す気持ちになれません。ホンネを言うには勇気がいります」

「みんなはどう考えているんだろうと周りを気にして、自分の考えを言うのはすごく勇気がいる」

「仲間外れにされる恐怖というか、みんなが自分と違う考えや感じ方をしていたらどうしようといった思いがあって、自分の思っていることをはっきり言いにくい」

「自分の意見を言える人はごく少数だと思う。自分もその場の雰囲気に合わせた発言をしたり、相手が喜びそうな意見を言ったりする」

「こんなことを言ったら相手が気分を害するのではとか、感受性が違ってたら相手が話しにくくなるかもしれないなどと思い、何を話したらよいかをかなり吟味する」

このように、相手の反応を気にするあまり、自分の意見や思うことを率直に話せないといった心理が、多くの若者に共有されている。このような話題を授業で出すと、授業後の気づきのレポートにほとんどの学生が右記のような心理が自分にもあると書いてくる。

こうした傾向には、ネット社会の進展が関係していると思われる。

孤高を気取るかつての若者たちと違って、今どきの若者は群れる傾向がある。だが、群れている若者たちも、けっしてポジティブな気持ちで群れているわけではないようだ。

人間関係の悩みを抱える学生たちの話を聞いていると、仲間グループの同調圧力を苦痛に思いながら、そこから抜け出せないことにストレスを感じているもどかしさが伝わってくる。

「自分を押し殺して、人を笑わせたりしてムードメーカーに徹してるけど、ストレスが溜まる」

「こんな窮屈なつきあいはもうイヤだって思って、爆発しそうになることがある」

「こんなグループづきあいは意味がない、こんなのほんとの友だちじゃない、もっとホンネでつきあえる友だちがほしいと思うのに、仲間グループから抜ける勇気がない」

「その場にいるときは無理に合わせてるから気持ちが消耗し疲れ切ってしまい、家に帰って一人になると、こんな不毛なつきあいからはもう抜け出そう、ちょっと距離を置こうって思うんだけど、翌日になるとまたみんなと一緒につるんでる自分がいる」

無理に合わせるだけ。無理に笑ったり、笑わせたりしてる。グループの息苦しさを感じる。でも、グループから抜けると孤立してしまい、居場所がなくなる。そう思うと怖くなり、我慢して虚しいつき合いを続けている。このような趣旨のことを口々に言う。

このような声はけっこう前からあったのだが、SNSの進化により、グループの同調圧力が一緒にいないときまで強烈に襲いかかってくるようになったことが大きい。

かつてなら、いくら学校や職場で仲間グループの同調圧力に苦しめられても、その場を離れれば解放された。鬱陶しい人間関係も、その場だけ我慢すればよく、別れれば自由になれた。

ところが、SNSのせいで、今は別れてからもメッセージが入ってくるし、家にいても入ってくる。メッセージが来たら反応しなければならない。うっかり反応せずにいると仲間外れにされるかもしれないと思うと、絶えず気にしていなければならない。こっちのメッセージに反応がないと、それも気になる。何か不適切な反応をしたのではないか、気を悪くするようなことを書いたのではないか、などと気になって仕方がない。

このようにSNS利用者の多くは、起きている間中、仲間グループのメンバーたちの気持ちを傷つけないように気づかったり、こちらのことをどう思っているのだろうと気にかけたり、こちらにどんな反応を期待しているのだろうと相手の意向を読んだりしていなければならない。しばしば耳にする「ＳＮＳ疲れ」というのも、仲間グループによる同調圧力のストレスとみることができる。

こうしてみると、空気読み社会はますます深刻化しており、日本的組織が体育会系のノリを脱するのは非常に難しいと言わざるを得ない。

第六章　体育会系組織とのうまいつきあい方

——自分の生き方をどう貫くか

体育会系組織にどうしても馴染めない人もいる

体育会系組織の特徴として、「みんな仲間」といった一体感で動くようなところがある。職場を居場所にするタイプは、それほど抵抗はないかもしれない。

でも、職場の人たちは友だちではないし、職場はあくまで仕事の場であって、プライベートと混同したくない、職場の関係に勤務時間外まで拘束されたくない、プライベートな関係は職場外に求めるというタイプは、職場にどっぷり浸かる雰囲気には抵抗を感じざるを得ない。

職場の飲み会が毎週のようにあるのが楽しいと感じ、喜んで参加するのは前者のタイプで、それを鬱陶しく感じ、いろんな理由をつけて逃げようとするのが後者のタイプだ。後者のタイプは、体育会系組織にはなかなか馴染みにくいだろう。

体育会系組織の特徴として、上司や先輩の言うことは絶対、上には無条件に服従、というような体質がある。「こうあるべき」といったこだわりがあまりないタイプは、上に従っていればいいというのは楽でいいかもしれない。

一方、何ごとも自分の頭で考えて判断しないと気がすまないタイプにとっては、無条件に上の言うことに従うというのはストレスが溜まる。納得のいかないことがあれば、自分の思うことを言いたくなる。でも、それは許されない雰囲気がある。ゆえに、このようなタイプは、体育会系組織には馴染みにくい。

このようなタイプは、体育会系にありがちな「勢いで動く」といった感じにも抵抗があるはずだ。

また、集団行動が得意な人は体育会系組織に馴染みやすいだろうが、集団行動が苦手な人は体育会系組織には馴染みにくいだろう。

だが、自分が所属している組織がたまたま体育会系の雰囲気が強い場合、馴染みにくいからといって抜け出すわけにもいかない。そこで働く限り、何とか適応する必要がある。馴染めない感じを抱えながらも、必要最低限のかかわりはもたなければならないし、排除されないような防御策も講じなければならない。

では、どうしたらよいのか。本章ではそのあたりについて考えてみたい。

自己中心になりすぎない

自分が属している組織には体育会系の雰囲気があってどうも馴染みにくいという人の話を聞くと、「なるほど」と思うものの、だからといって強い不適応感を抱えたまま働くのはきついだろう。

そこで考えなければならないのは、自分の中の抵抗感を少しでも和らげること、また周囲から浮きすぎて組織の側から異分子として排除されるのを避けることである。

体育会系の雰囲気に強い抵抗がある人にありがちなのは、「自分基準」でものごとを判断したいという思いが強すぎることだ。

自分の頭で考えてものごとを判断するのは大事なことだ。何でも上にお任せという姿勢が誤った判断や不祥事を招くことがあるのも事実である。

しかし、あまりに自分の主義主張を押し通そうと思いすぎるのも、自己中心的なのではないだろうか。周囲から浮き、異分子として排除されがちな人には、自己中心的すぎるところがみられることが多い。

まずは、私たちが暮らしている日本社会が「間柄の文化」であることを頭にとどめておきたい。

すでに述べたように、私は、欧米の文化を「自己中心の文化」、日本の文化を「間柄の文化」と特徴づけ、両者を対比的にとらえている。

「自己中心の文化」というのは、自分が思うことを何でも主張すればよい、ある事柄を持ち出すかどうか、ある行動を取るかどうかは、自分の意見を基準に判断すればよい、とする文化のことである。

そこでは、常に自分自身の気持ちや考えに従って判断することになる。

積極的な自己主張をよしとする欧米の文化は、まさに「自己中心の文化」と言ってよい。そのような文化のもとで自己形成してきた欧米人の自己は、個として独立しており、他者から切り離されている。

「間柄の文化」というのは、一方的な自己主張で人を困らせたり嫌な思いにさせたりしてはいけない、ある事柄を持ち出すかどうか、ある行動を取るかどうかは、相手の気持ちや立場を配慮して判断すべき、とする文化のことである。

そこでは、常に相手の気持ちや立場を配慮しながら判断することになる。

勝手な自己主張を控え、思いやりをもつべきとする日本の文化は、まさに「間柄の文化」と言える。そのような文化の下で自己形成してきた日本人の自己は、個として閉じておらず、他者に対して開かれている。

このような観点からすれば、体育会系であるかどうかにかかわらず、日本社会で生きていく限り、自己中心になりすぎるのは好ましくないことがわかるだろう。ある程度は周囲の人たちの気持ちや立場に配慮した言動を心がける必要がある。

自分の意見と違うからといって上の意向を真っ向から否定したり、周囲とムキになって対立したりすると、組織には明確な権力構造があるため、異分子とみなされ、徹底的に攻撃され排除されることになりかねない。

そこで、何でも自分を貫こうとするのではなく、優先順位をつけ、どうしても譲れない点以外では、相手の期待に添うことも受け入れる姿勢が求められる。理想の組織など現実にはあり得ない。組織に対する要求水準をある程度下げることも、生きていく上では必要だ。

危ないときは情にアピール

体育会系の組織で権力をもつ人物には、親分肌なところがあることが多い。第2章で取り上げた体育会系組織の不祥事の報道をみても、そんな感じがあるだろう。

親分肌の人物は、偉そうに振る舞う代わりに、面倒見が良い面もある。

下の人間が何かで困って相談してきたとき、自分の力で何とかしてやろうというのも、そういうことができる自分の権力の実感につながる。だが、そうした実利的な意味だけでなく、親分肌の人物は、情に脆《もろ》いところもあるものだ。

ゆえに、万一組織の中で何かで誤解されたような場合、あるいは何かで失敗をした場合などは、真っ先に頼り、相談することが功を奏するケースが少なくない。

もちろん日頃から頼りにしているということを態度で示しておくことも大切だ。

ビジネスの基本として、上司に対してホウレンソウを欠かさないようによく言われる。上司は自分の部署の現状を把握している必要があり、そうでないと適切な判断や指示ができないため、部下による報告、連絡、相談が必要不可欠なのだというわけだ。

だが、私が常々主張しているのは、ホウレンソウには、このような実務上の意味があるだけでなく、心理的な意味もあるということだ。

部下によるホウレンソウがないと、上司は疎外感を感じる。自分は頼られていない、軽んぜられてるのではないかといった気持ちになりやすい。

自分の仕事能力や人間的魅力に自信のない上司ほど、ないがしろにされているとかバカにされているといった被害者意識をもちやすい。

ホウレンソウがあれば、自分は頼りにされていると実感でき、自分を頼ってくる部下に対して好意的感情が湧く。

このように、ホウレンソウには、上司の心のケアという意味がある。いわば、ホウレンソウには、間柄を良好に保つ機能があるのだ。

いざというときに情にアピールできるような間柄にしておくためにも、日頃から頼る姿勢を示すことは欠かせない。

話は単純明快に

体育会系の人物に好感がもてるタイプが多いのは、竹を割ったような性格の人物が多いからだろう。良い意味では真っ直ぐで素直な人物とも言えるが、悪くすると単細胞ですぐに思い込みで決めつける人物であったりもする。

これが組織構造になると、ちょっとやっかいなことになる。

体育会系の権力構造が機能する組織では、権力主義的な認知構造をもつ人が多い。それは、白か黒か、いわば敵か味方か、といった単純な認知構造を意味する。敵とみなせば攻撃し、冷遇し、味方とみなせば気を許し、優遇する。その二分法的思考がまた厄介なのである。

たとえば、ある提案やアイデアに対して、ちょっと無謀だなあと感じ、それは危ないから改善策を考えないとと思い、意見を言ったとする。複雑な認知構造をもつ人物なら、その意図を理解し、一緒に改善策を考えるのに知恵を絞ることになるかもしれないが、認知構造が単純な人物だと、自分の意見が全否定されたと思い込み、

「俺のアイデアにケチをつけるのか！」

といった反応になってしまうこともある。

あるいは、飲みに誘われたとき、たまたま用事があったため断るということは、よくあることである。だが、認知構造が単純な人物の場合、相手の都合に想像力を働かせるよりも自分の都合だけでものを考えがちなため、「俺の誘いに乗れないってことか」などと曲解され、「あいつはダメだ」と見切られることにもなりかねない。

このように、単純な認知構造をもつ人物は、何かにつけて白黒はっきりさせたがるため、誤解を招かないように何でもはっきり説明する必要がある。ああだこうだいうと話が複雑になってわかりにくいので、とにかく単純明快に説明するように心がけることが必要である。

心の交流をもちやすい

体育会系組織に馴染めない人は、その密な人間関係を鬱陶しく感じがちだ。

職場の人たちは、たまたま一緒に仕事をしているだけで、友だちのように価値観や性格が合うというわけではない。職務上の最低限のかかわりはもつものの、それ以上のかかわりはもちたくない。そういう気持ちもわかる。

だが、間柄の文化を生きていく以上、多少は仕事仲間との心の交流をもつようにしないと、居心地が悪くて仕方ないだろう。

別に職場に居心地の良さなど求めていないと言うかもしれないが、周囲の人たちから「感じの悪い人物」とみなされると、何かのときに足を引っ張られることにもなりかねない。不必要なトラブルに心のエネルギーを吸い取られ、消耗するのもバカらしい。

日本的人間関係では「甘え」の心理による気持ちの交流が大きな意味をもつ。お互いに相手の期待に応えようと思い、また相手がこちらの期待に応えてくれるはずと甘えることで、良好な関係が築かれていく。

そうした甘えの構造が、言うべきことも言いにくい雰囲気につながったり、情実人事につながったりしているといった好ましくない面があるのは事実である。だが、気持ちの触れ合いがあり、人間的交流ができるといった利点もある。

体育会系組織は、まさに典型的な日本的人間関係によって成り立っている組織と言える。異分子を排除する代わりに、仲間は大切にする。

そこで大切なのは、異分子として排除されないように、最低限の心の交流はもつようにしたい。

人格的に信頼できる人物がいれば、その人と心の交流をもつことで、人間味のあるつきあいが職場でもできるだろうし、いざというときに助け合えるような信頼関係を築くこともできるだろう。

そこまでの相手がいない場合も、雑談などで適度な情緒的コミュニケーションを心がけ、少しは心のふれあいをもつようにしたい。

巻き込まれないように適度な距離を保つ

最低限の心の交流をもつことが欠かせないとはいうものの、深入りしないことも大切である。職場に適応しなければということで、組織の人間関係に巻き込まれすぎると、何かと面倒なことになりがちだ。

職場の同僚たちとしょっちゅうつるんだり、先輩や上司にしょっちゅう飲みに連れられたりするのも鬱陶しいかもしれないが、そのくらいは問題ないという人でも、職場の人間関係に深入りしすぎると面倒な問題に巻き込まれることにもなりかねない。

人格的に信頼できる人なら心の交流をもつのもよいだろうと言ったが、それもあまり深入りすると痛い目に遭うこともある。

どんなに人格的に信頼できる人でも、権力構造の中にいると、組織の論理で動かざるを得ないため、ときに理不尽な動きをすることもある。

たとえば、権力者の意向に従って、あるいは忖度して、おかしなことに手を染めたり、異分子を排除するいじめのような工作をしたりしなければならないことも起こり得る。

そんな面倒に巻き込まれないためには、職場の人たちとは、あえて対立したりはしないものの、ある程度の距離を保つことが必要である。

そのためには、組織内の出世などは期待せず、淡々と本来の仕事をこなす姿勢を貫く覚悟も求められる。

腹心の部下になれば、情実人事などで出世する可能性が出てくるが、その分、汚れ役を買って出たり、面倒なことに巻き込まれることにもなりかねない。だが、適度に距離をおくことができれば、面倒なことに巻き込まれずにすむ。

情のつながりが深くなりすぎると、何か頼まれたら断りにくくなるし、日頃から無駄に行動を共にしなければならなくなる。

良好な関係を保ちながらも、「あの人間は淡々と自分の世界を生きている」というように見られるようになれば、巻き込まれすぎずにすむだろう。

自分の軸をもつ

そのように良好な関係を保ちつつ巻き込まれないようにするには、自分の軸をもつことが大事である。

自分の軸があれば、たとえ組織内であまり良い評価が得られなくても、そのような評価軸には価値を置いていないため、超然としていられる。組織の評価軸と自分の評価軸が異なることを自覚しているため、組織内の評価に振り回されることがない。ゆえに、組織内でもっと良い評価を得ようと無理して組織内の人間関係にどっぷり浸かる必要もない。

だが、自分の軸がないと、どうしても他者による評価、組織での評価が気になってしまう。組織内の評価がすべてということになると、望むような評価が得られない場合、「自分はダメだ」と自信をなくしたり、自己嫌悪に駆られたりしやすい。

そのような人物は、組織側にとっては非常に扱いやすい存在となる。その結果、面倒な役割を押しつけられたりしがちだ。

自分を評価する権限をもつ上位者からの評価を強く意識している人物は、上からの要求には何とか応えようとする。良い評価を得るために、無理してでも上の意向に従って行動しようとする。そこに付け込まれるのである。

そうした特別のことがない場合も、太鼓もちのように連れ歩かれるのも疲れるし、気分の良いものではないだろう。

このように、組織内の評価に一喜一憂するようだと、どうしても巻き込まれてしまう。

巻き込まれないためには、組織内の評価に振り回されないよう、自分の評価軸をしっかりともつことが大切だ。

自分の軸をしっかりもっているため、組織内の評価に一喜一憂せず、超然としている人は、適度に良好な関係を保ってさえいれば、「あいつは悪いヤツじゃないけど、ちょっと変わってるんだよな」というような評価になって、組織内で独立性を保ちやすい。

そのように適度に距離を置くためにも、自分の軸をもつことが大事である。

別の居場所をもつ

組織にしがみつくようだと、どうしても巻き込まれてしまう。

組織内で見捨てられたら大変だという思いがあると、その切羽詰まった感じは周囲にも自然に伝わり、上からみても、あいつは言いなりにできる人間だとみなされやすい。

そうなると、いくら断っても、脅したり、報酬を匂わせたりして、利用しようとする者が出てくる。どんな組織にも権力志向の強い人物がいるものであり、そういう人物は自分の意のままに動かせる子分をもちたがるものである。

そんな存在にならないようにするには、組織の外に居場所をもつことが大切となる。人間は、人の間と書くように、人との間、つまり人とのかかわりの世界を生きている。ゆえに、かかわりの場である居場所を求める。安定した心理状態を保つには、居場所をもつ必要がある。

今どき幼なじみが近所に住んでいるというようなことはあまりないだろうが、学校時代の友だちとのつながりがある人は少なくないのではないか。

高校時代の気の合う友だちと集まる。大学時代の気の合う友だちと集まる。あるいは、ときどき会って飲みに行く親しい友だちがいる。つき合っている恋人がいる。そうしたつきあいのなかでも、気になっていることを何でも遠慮なく話せる相手、悩むことがあれば相談できる相手がいれば、最強の居場所があることになる。

組織の外のそうした居場所があれば、組織生活の中で疎外感を感じることがあっても、耐えることができる。

だが、組織の外に居場所がないと、組織生活における疎外感に耐えられず、組織内に何とか居場所をつくろうとする。その結果、巻き込まれてしまう。悪い相手につかまると、いいように利用される存在になってしまう。

そんな面倒なことにならないためにも、組織の外に居場所をつくることが大切である。学校時代の友だちと疎遠になっているような場合は、趣味などを通したつながりをつくるようにちょっと頑張ってみるのもよいだろう。

おわりに

本文にも記したように、私はスポーツ観戦が大好きだ。選手たちの熱い闘いを見ているると、こちらの心も熱くなる。だが、私自身は、そのような選手たちが過ごしている体育会系組織が苦手で、すぐに逃げ出した人間である。

だが、考えてみれば、体育会系に限らず、組織というもの自体が苦手なようだ。人はよく学生時代に「ウチの学校」と言い、就職すると「ウチの会社」「ウチの職場」などと言ったりするが、私は「ウチの学校」とか「ウチの職場」というような言い方をしたことはない。なぜか抵抗があり、そのような言い方はできなかった。自分が所属する学校にしろ、職場にしろ、私にとっては「ウチ」ではなく「ソト」だったのだろう。

そんな私に、ワニブックス新書編集部の大井隆義さんから、〝体育会系のかわし方〟

というようなテーマで書いてくれないかという依頼をいただいた。
このところ体育会系組織の不祥事が相次いでいることからして、体育会系組織に身を置きながら、適応に苦しんでいる人が多いのではないか。体育会系組織に限らず、一般の組織にいても、そこにいる体育会系のノリで動く上司に苦しめられている人も多いはずだ。だが、そもそも日本の組織には、体育会系組織に通じる特徴があるのではないか。そのような認識が一致し、お引き受けすることにした。

第2章では、世間を騒がせたいくつかの体育会系組織の不祥事を取り上げたが、この原稿を執筆している最中にも、ここでは取り上げなかった体育会系組織の問題が報道されたりしていた。だが、このように問題が表面化しやすくなっている点は救いかもしれない。

さらには、帝京大学ラグビー部や青山学院大学陸上競技部のように、これまでの体育会系組織の体質からの脱却を試みているところもある。その是非の判断を今すぐするのは難しいが、体育会系組織には変革の波が押し寄せている。そうなると、体育会系の要素を多く備えている日本的組織も何らかの変革が必要になるのかもしれない。

本書では、体育会系の正体に迫ることを通して、日本的組織の特徴についても明らかにしている。私と同じように組織への適応に苦しんでいる人や体育会系のノリの上司への対応に苦しんでいる人にも、対処法について何らかのヒントを示すことができたと思う。

最後に、このようなテーマの本をまとめる機会を与えてくれたワニブックス新書編集部の大井隆義さんに感謝の意を表したい。本書が、体育会系組織あるいは日本的組織を動かしている原理についての理解を促し、その問題点の克服に少しでも役立てば幸いである。

２０１９年12月

榎本博明

体育会系上司
「脳みそ筋肉」な人の取扱説明書

著者 榎本博明

2020年2月1日 初版発行

榎本博明（えのもと ひろあき）
1955（昭和30）年東京都生まれ。心理学博士。東京大学教育心理学科卒業。東芝勤務後、東京都立大学大学院へ。大阪大学大学院助教授等を経てMP人間科学研究所代表。心理学をもとにした教育講演・企業研修を行う。著書に『「上から目線」の構造』（日本経済新聞出版社）など多数。

発行者 横内正昭
編集人 内田克弥
発行所 株式会社ワニブックス
〒150-8482
東京都渋谷区恵比寿4-4-9えびす大黑ビル
電話 03-5449-2711（代表）
03-5449-2734（編集部）

装丁 橘田浩志（アティック）／小口翔平＋三沢稜（tobufune）
校正 東京出版サービスセンター
編集 大井隆義（ワニブックス）

印刷所 凸版印刷株式会社
DTP 株式会社 三協美術
製本所 ナショナル製本

ISBN 978-4-8470-6637-5
ワニブックスHP http://www.wani.co.jp/
WANI BOOKOUT http://www.wanibookout.com/